Michael Weithmann

BURGEN und SCHLÖSSER rund um den BODENSEE

TYROLIA-VERLAG · INNSBRUCK-WIEN

INHALT

Burgenwege um den Bodensee

Das Bodenseegebiet ist einer der zentralen Kulturräume Europas. Im Mittelalter und in der Frühen Neuzeit bildete die Region um den See einen der wirtschaftlichen und politischen Brennpunkte des alten Deutschen Reiches. Die Kaisergeschlechter der Staufer, Habsburger und Hohenzollern nahmen von hier ihren Anfang. Berühmte Klöster entstanden, wie Reichenau, St. Gallen und Salem, und als weltliche Herrschaftszentren folgten Burgen und Edelsitze. Die Vielzahl der Obrigkeiten ließ die Bodenseeregion buchstäblich zu einem „Treibhaus für Burgen" werden. Einer vergleichbaren Burgen- und Ritter-„Dichte" dürfen sich wirklich nur wenige Regionen Europas rühmen!

Und das Reizvolle ist, dass noch viele dieser Bauwerke erhalten sind und besucht werden können! Manche repräsentieren sich im vollen Glanz ihrer Bedeutung, offerieren uns Museen, Events und Ausstellungen, doch etliche sind verfallen. Und gerade sie rühren unser Gemüt als abgeschiedene und melancholische Ruinen.

Unser Burgenführer enthält primär diejenigen Burgen, Schlösser und Residenzen, die allgemein zugänglich sind, sei es als Museum, Gaststätte oder Wanderziel. Dies betrifft die Mehrzahl der Objekte. Bei den genannten Anlagen in Privatbesitz sollte die Privatsphäre berücksichtigt werden.

Dieser Führer hält zwar in erster Linie Tipps für Wanderer und Radfahrer bereit, aber selbstverständlich können die meisten der beschriebenen Burgen und Schlösser auch mit dem Auto erreicht werden. Wir weisen daher auch auf Zufahrtsmöglichkeiten, Stellplätze und Wanderparkplätze in der Nähe hin.

Auf 316 Kilometern Wanderwegen kann man den Bodensee umrunden. Sein Umfang beträgt zwar „nur" 273 Kilometer, aber der Weg folgt nicht immer dem genauen Küstenverlauf, sondern wendet sich manchmal landeinwärts und verlässt das Gestade. Auf den unmittelbaren Uferpromenaden sind Fußgänger und Wandersleute unter sich, Radfahrer müssen hier schieben. Aber das macht nichts, denn gerade für Radler wurde ein umfangreiches Wegenetz um den See herum ausgeschildert. Mehrere Varianten bieten Anreize für Familien, Senioren, Genuss- und Sportradler. Der „normale", einheitlich ausgeschilderte Radwanderweg kann selbstverständlich an jedem Uferort begonnen werden.

Unsere Burgen-Tour nimmt in Vorarlberg ihren Ausgang. Das westlichste Bundesland Österreichs besitzt 26 Kilometer Bodenseeküste, aber diese gehören zweifelsohne zu den schönsten Partien des gesamten Sees. Mit der Bregenzer, der Harder und

Die ehemalige Reichsstadt Lindau im „Schwäbischen Meer"

der Fußacher Bucht ist gerade diese Küste reich gegliedert und wird von einem wunderschönen, vorbildlich angelegten Wander- und Radweg begleitet. Die Bergrücken von Pfänder und Gebhardsberg stehen als eindrucksvolle, hochragende Kulissen darüber. Ins Rheintal mit seinen Burgen führen verschiedene Strecken. Man kann sie abradeln oder einzelne Abschnitte mit der Bahn (Fahrradmitnahme möglich) hinter sich bringen. Die 10 Kilometer von Bregenz nach Lindau sind „technisch unschwierig", ebenso die weiteren Etappen von Lindau nach Wasserburg (5 km), von dort nach Langenargen (10 km) und nach Friedrichshafen (10 km). Von dort könnte man mit der Fähre nach Romanshorn ins Schweizerische übersetzen und z. B. wieder 50 km nach Bregenz zurückradeln. Von Friedrichshafen empfehlen wir eine Schiffspassage bis Hagnau, weil der Radweg hier über 15 km entlang der lärmenden Bundesstraße läuft. Von Hagnau bis Meersburg sollte man aber wieder schöne 5 km strampeln. Altes und Neues Schloss Meersburg fordern dann mindestens einen vollen Tag Besichtigung.

Von Meersburg kann man mit der Fähre übersetzen und gleich Konstanz und Umgebung erkunden. Wir schlagen aber die Weiterfahrt nach Überlingen (15 km) vor und offerieren einen Abstecher nach Heiligenberg per Bus. Hinter Überlingen erhöht sich der Reiz der Landschaft noch einmal. Die nun von steiler Bergeshöh' über tiefen Tobeln grüßenden Burgen und Ruinen wollen erklommen werden. Von Ludwigshafen aus fächern sich die Wege auf und führen entweder ins Hegau oder auf den Bodanrück. Der Radweg führt von Bodman nach Konstanz (25 km) und bietet dabei wirklich einige Berge und Täler zur Überwindung. An diesem Weg liegt auch die Insel Mainau, die allerdings „radlfrei" ist! Der Überlinger See ist ja überhaupt eher ein Paradies für gut ausgerüstete Wanderer, für die der Besuch der dortigen Burgen und Ruinen kein Problem darstellt.

Von Konstanz aus eröffnen sich Radwege nach allen Richtungen, ins Thurgau nach Romanshorn (25 km), sehr empfehlenswert über den Damm zur Insel Reichenau (12 km) oder in die Stadt Radolfzell (20 km). Von Radolfzell aus schlagen wir Exkursionen ins Hegau vor, die, wie z. B. nach Singen, auch mit dem „Seehas", der Konstanzer Schnellbahn (Fahrradmitnahme), durchgeführt werden können. Um die Halbinsel Höri herum geht es von Radolfzell aus in angenehmen 30 km weiter entlang der Küstenlinie nach Stein am Rhein. Den darüber aufragenden Schiener Berg mit seinen Burgen mögen Mountainbiker bezwingen, gemächlicher ist jedenfalls die Fußwanderung hinauf.

Die Südseite des Untersees säumen Burgen und Schlösser, die vom Ufer aus in steilen Zuwegen „erkämpft" werden müssen. Aber es lohnt sich! Die Strecke von Stein am Rhein über Steckborn nach Konstanz misst zwar nur 40 km, bietet aber so viel, dass man sie auf zwei Tagesetappen aufteilen sollte. Am Schweizer Ufer an der Südseite des Sees wechselt der Rhythmus der Landschaft. Der Ufersaum ist flach, aber dahinter steigt in Wellen die Berglandschaft des St. Galler und Appenzeller Landes auf und kulminiert im Säntismassiv von 2504 Höhenmetern. Und gerade dort, zu Füßen des Säntis in den geschwungenen Vorbergen, liegen die interessanten Burgen!

Aber die Schweiz rühmt sich zu Recht als „Velo-Land" und führt uns in der Tat vom nahezu flachen, aber mitunter vom Verkehr begleiteten direkten Ufer-Radweg an Obstwiesen und Weinhängen vorbei ins Thurgauer Hügelland. Von Romanshorn nach Arbon und von dort nach Rorschach und weiter nach Rheineck sind jeweils 10 Kilometer zurückzulegen. Aber von Rorschach aus transportiert uns die Zahnradbahn Richtung Heiden (Fahrradmitnahme) empor auf den Rorschacher Berg hoch über dem See und lässt uns nach dem Besuch mehrerer Burgen und Ansitze wieder hinabgleiten ins Rheintal. Und dort rücken Pfänder und Gebhardsberg wieder unübersehbar ins Blickfeld: Das „Ländle" Vorarlberg, von wo wir unseren Ausgang genommen haben, umfängt uns wieder!

Ein Ritt durch die Jahrhunderte

Die Burgen und Schlösser rund um den Bodensee können nicht isoliert betrachtet werden. Das wäre eine unzureichende Darstellungsweise, die der reichen Kulturgeschichte dieses Raumes nicht gerecht wäre. Man muss ihre Bau- und Herrschaftsgeschichte einbetten in die großen historischen Zusammenhänge und Entwicklungslinien, die unseren Raum durchziehen. Diese sind, das sei vorangestellt, nicht gerade einfach, sondern höchst kompliziert. Das hängt damit zusammen, dass die Bodenseeregion bei aller kulturellen Einheit in politischer und administrativer Hinsicht immer geteilt, ja geradezu zerteilt war! Noch heute, im 21. Jahrhundert, teilen sich drei Staaten – Deutschland, Österreich und die Schweiz – das Gebiet auf.

Auf deutscher Seite gibt es das bayerische und baden-württembergische Ufer, auf Schweizer Seite reihen sich die Kantone Schaffhausen, Thurgau und Sankt Gallen auf, woran sich das österreichische Bundesland Vorarlberg anschließt – also insgesamt sechs Gebietskörperschaften auf relativ kleinem Raum! Und in Konstanz ist das alte Land Baden durchaus noch in den Köpfen präsent. Gehen wir 250 Jahre zurück, so blicken wir auf einen geradezu verwirrenden Fleckenteppich größerer, kleiner und winziger Herrschaftsbereiche, insgesamt über 100 an der Zahl. Und der Eindruck des Durcheinanders verstärkt sich noch, wenn wir erfahren, dass dieser „Fleckenteppich" noch in sich in geistliche, weltliche, adlige, städtische und bürgerliche Territorien zersplittert ist. Immerhin, gerade jene Tatsache hat die Fülle von Herrensitzen – Burgen und Schlössern – am Bodensee hervorgebracht! Und die Geschichte kann hier gar nicht linear oder simpel verlaufen sein, zum Verständnis der Burgen ist sie jedoch unabdingbar. Deshalb zuerst ein Ritt durch die Jahrhunderte, entlang der großen geschichtlichen Entwicklungslinien.

Kelten und Römer

In hohem Maße spektakulär lesen sich die ersten historischen Nachrichten, die uns über den Bodensee erreichen: Da stoßen römische Legionen, wohlgeordnet unter ihren siegegewohnten Feldherren Drusus und Tiberius über den Brenner und den Julierpass vor, und unterwerfen in kurzer Zeit die nördlich der Alpen siedelnden Räter und Vindeliker. Von großen Schlachten und Mühen ist nicht die Rede, in nur einem Jahr – wir schreiben 15 v. Chr. – war das Alpenvorland ins römische Imperium eingegliedert worden.

Sebastian Münster: Lacus Constantiensis (1540)

Nur *auf* dem Bodensee hatte der lorbeerumkränzte Tiberius, Stiefsohn Kaiser Augustus' wie sein Mitkämpfer Drusus, erheblichen Widerstand zu überwinden. Der römische Geschichtsschreiber Strabon berichtet nämlich von einer veritablen Seeschlacht, die hier zwischen Römern und keltischen Stämmen stattgefunden habe. Basis für die Römer sei eine Insel gewesen, wahrscheinlich die Mainau. Vermutlich haben die Kelten mit ihren gepaddelten Einbäumen römische Versorgungs- und Lastschiffe angegriffen, auf denen Truppen von der Rheinmündung quer über den See transportiert wurden. Das konnte für die noch so tapferen Seebewohner nicht gut ausgehen!

Für die nächsten Jahrhunderte war das Bodenseegebiet fest eingebunden ins Römische Reich. Die lateinischen Autoren nannten den See „*Lacus Venetus*" oder „*Lacus Brigantinus*", bezogen auf die einheimischen Stämme der Veneter und Brigantiner, die natürlich weiter existierten, wenn auch von römischer Kultur überformt und bald romanisiert. Die *Pax Romana* – die römische Friedenszeit – bescherte unserer Region eine wirtschaftliche und kulturelle Blütezeit. Landwirtschaft, Handel, Handwerk und Gewerbe florierten. Hier im Westteil der Provinz Rätien mit dem Zentrum *Curia* (Chur) kreuzten sich wichtige Handels- und Heerstraßen zwischen Oberitalien im Süden, Gallien im Westen, dem römischen Rheinland im Norden und Noricum (Österreich) im Osten. Das Rheintal wies den Weg von den Alpen nach Norden. Und diese verkehrsgünstige „Drehscheiben-Lage" bestimmt die Geschichte der Bodenseeregion bis zum heutigen Tag.

Römische Städte wurden gegründet, die bis zum heutigen Tag fortdauern, wie *Brigantium*, das heutige Bregenz, und *Constantia*, Konstanz. Brigantium war schon vor den Römern ein Hauptort (*Oppidum*) der Kelten gewesen, während Constantia auf ein spätrömisches Kastell, das um 354 nach dem regierenden Kaiser Constantius II. benannt wurde, zurückgeht. Inmitten der dichten römischen Infrastruktur ragten noch die festen Siedlungen am Südufer des Sees wie *Ad Rhenum* („Beim Rhein", heute Rheineck) und *Arbor Felix* („Glücksbaum" heute Arbon) heraus.

Ein Netz von Römerstraßen verband die Orte und auf ihnen verlaufen auch heute noch die wichtigsten Verkehrsadern. Auf dem See waren Lastensegler und Ruderschiffe zum Transport von Handelswaren und Personen unterwegs. Der Stützpunkt einer Militärflotte in Bregenz ist bis ins 4. Jahrhundert belegt. In Eschenz/Burg am Ausfluss des Untersees in den Rhein wird seit über 20 Jahren eine römische Kleinstadt von Archäologen ausgegraben und auch für interessierte Laien hervorragend dokumentiert. Unter Kaiser Diokletian entstand hier um 300 das mächtige Kastell *Tasgetium*, das den Rheinübergang zu sichern hatte. Seine monumentalen Mauern, deren Fundamente noch erhalten sind, zeugen von der germanischen Bedrohung, die um diese Zeit bereits akut geworden war.

Bauten der Römerzeit

Schon während der Eroberungsphase unter Kaiser Augustus legten die Römer Lager und Kastelle an, um ihre Macht abzusichern. In vielen Fällen übernahmen sie die alten Ringwälle (*Oppida*) der unterworfenen Kelten und errichteten dort zuerst einfache Holz-Erde-Lager und später steinerne, rechteckige Kastelle. Während der langen Friedensperiode wurden diese jedoch kaum mehr in Stand gehalten und die zivilen Siedlungen breiteten sich aus, ohne befestigt zu werden. Den Schockwellen der Germaneneinfälle (254 und 268 n. Chr.) war das militärisch vernachlässigte Land somit schutzlos preisgegeben.

Kaiser Diokletian (284–305) entschloss sich daher, die Grenzen aus taktischen Gründen zu begradigen und gegen Süden zurückzunehmen. Dabei wurde das nördliche Bodenseeufer aufgegeben und den Alemannen überlassen. Das war strategisch gedacht: Denn das südliche Ufer und seine Siedlungen sollten umso stärker befestigt werden und der Bodensee selbst als gewaltiger „Wassergraben" gegen die seetechnisch (noch) wenig versierten Barbaren dienen. Und das Verteidigungskonzept ging auch auf. Eine Kette mächtiger Bollwerke riegelte den Weg ins

Rheintal ab. Die alten offenen Siedlungen Bregenz, Arbon, Konstanz und Eschenz verwandelten sich zu einer Kette von formidablen Waffenplätzen, die den Weg ins Rheintal abriegelte. Diese neuartigen – spätrömischen – *Castra* (Castrum = Festung) waren zwar erheblich kleinräumiger als die alten Städte und Kastelle, aber dafür mit umso massiveren Mauern und Türmen umwehrt. Der natürliche Schutz, den Hügel, Wasserläufe oder Sümpfe boten, wurde nun planmäßig ausgenutzt.

In der Wehrtechnik waren die Römer absolute Meister: Die massiven Außenmauern waren tief fundamentiert, um das Untergraben zu verhindern. Vorspringende Flankierungstürme sicherten die Mauern, Zinnen und Schießscharten ermöglichten den Einsatz von Fernwaffen (Bogen, Schleudern) und auf den Artillerie-Plattformen standen Katapulte. Gegen feindliche Brandgeschosse schützten Ziegel- oder Schieferdächer. Aufwändige Brunnen- und Zisternenanlagen ließen die Besatzung auch längere Belagerungen überstehen. Erst 1000 Jahre später, nämlich im 14. und 15. Jahrhundert, wird die Bautechnik diesen hohen Standard wieder erreichen!

Bis zur Wende vom 5. ins 6. Jahrhundert hielt der *Limes* – die befestigte Grenzlinie – stand, dann wurde er verlassen und aufgegeben. Und zwar nicht, weil die Alemannen die Festungen „geknackt" hätten, sondern weil es nichts mehr zu verteidigen gab. Seit dem 3. Jahrhundert war die romanische Bevölkerung kontinuierlich geschwunden. Ihre Reste wanderten südwärts in die Alpen (Rätoromanen) oder gleich nach Italien. Wer blieb, unterwarf sich den Alemannenfürsten, die längst keine Barbaren mehr waren, sich an römischen Vorbildern orientierten und Wert auf ein geordnetes Nebeneinander von Germanen und „Walchen" legten.

Bregenz ist der älteste Römerort am See. Die Römer übernahmen zuerst die Höhensiedlung der keltischen Brigantier im Bereich der heutigen Oberstadt und ließen sich dann auf einer bequemer erreichbaren Hangterrasse, dem Ölrain, nieder. Hier entstand zuerst ein einfaches Kastell und dann die ansehnliche Provinzialstadt *Brigantium* mit Forum (Marktplatz), Tempeln und Thermen. Als die Zeitläufe im 3. Jahrhundert kriegerischer wurden, kehrten die Römer auf den Bergsporn des Pfänders zurück und befestigten gleichzeitig den Hafenbereich. Die Grundmauern des spätrömischen Seekastells kamen während des Umbaus des Leutbühels im heutigen Bregenzer Zentrum zum Vorschein. Archäologen datieren die Anlage in die Zeit Kaiser Valentinians I. (364–375). Die Uferlinie buchtete damals über die heutige Bahnhof-, Kaiser- und Rathausstraße aus und reichte bis zur sanften Erhöhung des Leutbühels, wo sich das Hafenkastell erhob. Das Hafenbecken war durch eine Mole geschützt, die unter der Kaspar-Hagen-Straße nachgewiesen werden konnte. 10 geruderte *Lusoriae* ankerten hier, schnelle Ruderschiffe mit Segelunterstützung, die bis zu 30 Mann aufnehmen konnten.

Die paar Metalltafeln, die am Leutbühel in den Boden eingelassen sind und den bekannten Mauerverlauf markieren, vermitteln nur noch ein schwaches Bild von *Brigantium*. Dafür bietet das nahe gelegene Vorarlberger Landesmuseum eine Reihe von interessanten Funden, darunter ein Relief der „Pferdegöttin Epona".

Ins Auge springt uns das anschauliche Modell des römischen Hafenviertels. Es rekonstruiert das Kastell als annähernd rechteckige Festung mit vier quadratischen Ecktürmen. Je ein Torbau führte ins Land – zur Oberstadt – und zum See hinunter.

Vorarlberger Landesmuseum
Kornmarktplatz 1,
A-6900 Bregenz
Öffnungszeiten:
Di–So 10–17 Uhr, Do bis 20 Uhr
T: +43/(0)5574/46050
I: www.vlm.at

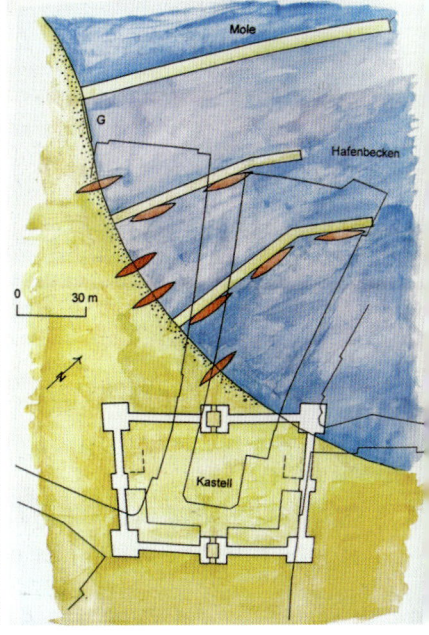

Wie die anderen Kastelle der Bodenseegegend wurde das römische Brigantium nicht zerstört, sondern in einem langen Prozess nach und nach von den römischen Truppen verlassen. Die Alemannen brauchten die Mauern gar nicht zu erobern, sie lagen offen da. Auffallend ist nun, dass sich deren neue Führungsschicht der Herzöge und Bischöfe gerade wieder an diesen „steinernen" und daher wohl prestigeträchtigen Orten niederließ. Obwohl uns für das frühe Mittelalter von 500 bis 800 sowohl verlässliche literarische als auch materielle Zeugnisse fehlen, dürfen wir wohl von einer Kontinuität, das heißt von einer durchgehenden Besiedlung der Römerorte am Bodensee von der Antike über das Mittelalter bis in die Jetztzeit, ausgehen.

Literarisch war die Existenz des römischen **Konstanz** längst bekannt, doch materielle Zeugnisse blieben spärlich. So kam es einer archäologischen Sensation gleich, als bei der Neugestaltung des Münsterplatzes inmitten der Altstadt im Jahr 2003 mächtige Mauerzüge zum Vorschein kamen: *Constantia*, das römische Kastell, war endlich gefunden! Es erhob sich auf dem Münsterhügel über der Mündung des Obersees in den Seerhein. Zwei ältere

Wehranlagen, die das heutige Münster rechtwinklig umschlossen, wurden ins 3. Jahrhundert datiert. Der aufgedeckte Mauerturm indes gehört zum Festungsprogramm Diokletians um 300. Das spätantike Kastell erstreckte sich vom Münster bis nach Niederburg hinein und umfasste etwa einen Hektar. Am nahen Seeufer befand sich die Schiffsanlegestelle. Seinen Namen verdankt es entweder Kaiser Constantius I. (305/306) oder Constantius II. (337–361). Der Name bedeutet „die Beständige" – nicht umsonst: Denn auch nach den Alemannenstürmen ging das Leben in Constantia „beständig" weiter, wenn auch in bescheidenen Ausmaßen. Selbst der römische Name hat in der deutschen Form „Konstanz" überlebt.

Der am Münsterplatz ausgegrabene achteckige Bastionsturm mit seinen sorgfältig behauenen Tuffsteinen ist ein schönes Beispiel antiker Militärarchitektur. Konserviert, beleuchtet und durch Schautafeln erklärt, kann er unter einem Glasdach auf dem Münsterplatz besichtigt werden. Römische Funde werden im Archäologischen Landesmuseum präsentiert. **Archäologisches Landesmuseum** Benediktinerplatz 5, D-78467 Konstanz Öffnungszeiten: Dienstag bis Sonntag 10–18 Uhr T: +49/(0)7531/9804-0 I: www.konstanz.alm-bw.de

Der Übergang über den Rhein zwischen den heutigen Ortschaften **Eschenz** im Thurgau und Stein am Rhein bedurfte des besonderen Schutzes – aber erst, nachdem sich die militärische Lage im ausgehenden 3. Jahrhundert zugespitzt hatte. Das friedliche Landstädtchen *Tasgeti-*

Rekonstruktion des Römerkastells Tasgetium (aus Hasler, 2005)

um am südlichen Rheinufer musste damals wegen der Feinde geräumt werden. Die Bewohner bezogen eine strategisch sicherere Örtlichkeit. Diese befand sich etwa 500 Meter flussabwärts. Auf einem Plateau entstand in der Regierungszeit Kaiser Diokletians (284–305) eine mächtige Festungsanlage, deren annähernd rechteckigen Grundriss wir rekonstruieren können. Fast 90 Meter maßen die Seitenlängen. An den vier Ecken standen Türme. Gegen Süden, zur Landseite hin, öffnete sich die 3,60 Meter breite Tordurchfahrt, die von zwei seitlichen Türmen geschützt wurde.

Von der Umfassungsmauer haben sich längere Mauerstrecken erhalten. Das Kastellinnere wird heute von der Kirche „St. Johann auf Burg" und dem Pfarr- und Mesmerhaus eingenommen. Laufende Grabungskampagnen werden hier viel zur Klärung beitragen. Das Kastell überwachte eine steinerne Brücke, die über – vermutete – vier Bögen ans nördliche Ufer führte. Sie überspannte den Rhein etwas nach Osten versetzt von der modernen Brücke. Am Nordufer, also im Bereich St. Georgen in Stein am Rhein, konnte ein befestigter Brückenkopf nachgewiesen werden. Wie lange die Römische Brücke intakt blieb, wissen wir nicht. Im Frühen Mittelalter, zur Zeit des Bodensee-Heiligen Otmar (gest. 759), ist jedenfalls nicht mehr von einer Brücke die Rede, sondern von Fährverkehr per Ruderboot. Der kürzeste Seeweg führte über das Inselchen Werd im Untersee.

Um 600 quartierte sich im Gemäuer des Kastells Tasgetium eine alemannische Adelssippe ein. Auf sie geht die Gründung der Johanneskirche zurück.

Die Militäranlage von *Arbor Felix* (**Arbon**) wird sogar im Zusammenhang mit hohem Besuch erwähnt. Kaiser Gratianus zog im Jahre 378 anlässlich einer Inspektionsreise höchstpersönlich durch das

Interessante archäologische Funde zeigt das **Museum Blauer Aff**, Unterdorfstraße 14, CH-8264 Eschenz,
Öffnungszeiten: Mai bis Oktober, Sonntag 14–17 Uhr
T: +41/(0)52/7413105
I: www.eschenz.ch
Informationen über die Ausgrabungen in Eschenz/ Tasgetium unter www.archaeologie.tg.ch (Einträge „Grabungen/ Rest." und „Tafeln im Gelände")

Örtchen. Das Kastell selbst kam erst 1957 bei einer Grabung zum Vorschein. Wehrmauern von 2,60 Meter Stärke erstreckten sich auf dem heutigen Arboner Schlosshügel. In regelmäßigen Abständen wurden sie von vorspringenden Türmen verstärkt. Im Innern konnte eine Therme nachgewiesen werden, eine Badeanstalt mit Fußbodenheizung. Sie befindet sich unter der später erbauten Martinskirche. Das Kastellareal überlebte den römischen Rückzug. Im 7. Jahrhundert stieß der heilige Gallus hier auf eine christliche Gemeinde. Auf der Grundlage der spätantiken Festung wurde sodann gegen 1200 die Burg Arbon erbaut.

Bis ins 4. Jahrhundert hielt die römische Grenzverteidigung, dann brachen die Alemannen von Norden her in das bereits großenteils verlassene und verödete Gebiet ein und ließen sich häuslich nieder – bis heute. Die zerfallenen steinernen Kastelle und die urbanen Zentren ließen sie zunächst „links" liegen. Aber bewundert haben sie die mit Mörtel (*mortarium*) verbundenen Mauern (*murus*), die Ziegel (*tegula*), die Pfeiler (*pilaster*), Keller (*cellerarium*), Fenster (*fenestra*) und Pforten (*porta*) schon, so dass sie erst den einschlägigen lateinischen Wortschatz übernahmen und sodann darangingen, selbst Steinbauten zu errichten – und zwar in „römischer Form", was wir heute als „romanischen Baustil" bezeichnen. Doch bis dahin, im 10. Jahrhundert, sollte noch einige Zeit ins Land gehen. Als Bauern, Hirten und Fischer erschienen den Eroberern das fruchtbare freie Land und die Seeufer zunächst wichtiger. In den – natürlich stark geschrumpften – Städten und *Castra* aber hielt sich das Römertum und mit ihm das Christentum, das bald auf die eingewanderten germanischen Stämme ausstrahlte.

Die Fundamente eines römischen Eckturms sind im Areal zwischen der Kirche und dem Gasthof „Rotes Kreuz" zur Besichtigung freigelegt worden. Funde sind im Historischen Museum Schloss Arbon ausgestellt.
Historisches Museum Arbon Hauptstrasse 12, CH-9320 Arbon Öffnungszeiten: Mai bis September 14–17 Uhr; Oktober, November, März und April nur sonntags 14–17 Uhr
T: +41/(0)71/4461058
I: www.arbon.ch

Kultur der Klöster, Könige und Herzöge

Schon im 7. Jahrhundert erweisen sich die alemannischen Herzöge als fromme Parteigänger der christlichen Kirche und ihrer Kultur. Kein Wunder, waren doch gerade im Bodenseeraum so erfolgreiche Gottesmänner wie Kolumban (gest. 615) und Gallus unterwegs. Gallus begegnet uns heute hier noch auf Schritt und Tritt. 612 wirkte er in Bregenz, wo das Gallusstift am Fuß des Gebhardsberges noch an ihn erinnert. Im nächsten Jahr gründete er eine Einsiedelei, welche die Keimzelle von St. Gallen werden sollte. 615 finden wir ihn in Konstanz, das damals schon Sitz eines Bistums war. Neben dem alten Kastell waren den Bischöfen noch die Halbinsel Höri und Teile des Hegaus zur Grundherrschaft übereignet worden. 650 starb Gallus in Arbon. Unter seinen Nachfolgern dehnte sich das Bistum Konstanz fast über das ganze von Alemannen bewohnte Gebiet aus.

Im 8. Jahrhundert entsteht mit der Gründung der Abtei **St. Gallen** (719) und des **Klosters Reichenau** (723) die reiche mönchische Kultur. In diesem Zusammenhang errichteten die Benediktiner nun, zu Beginn des 9. Jahrhunderts, die ersten nachrömischen Steinbauten in unserem Gebiet, naturgemäß Kirchen und Klöster. Auf der Insel Reichenau geschah dies um 800. Der St. Galler Klosterplan, im Zeitraum 820/830 aufgezeichnet, präsentiert bereits eine architektonisch hoch entwickelte Bauanlage. Klar, dass sich die Baumeister an den römischen Ruinen, die als Anschauungsmaterial noch überall sichtbar emporragten, orientierten.

Neben den großen Klöstern entstanden allenthalben kleine mönchische Niederlassungen, Einsiedeleien und Zellen, die bei Adel und Volk große Verehrung genossen. 826 gründete Ratold (oder Radolf), Bischof von Verona, eine *Cella* (kleiner Raum). Sie wird der Kern der Stadt **Radolfzell** am Zeller See. Auf der Insel **Lindau** ließen sich um 810 Benediktinerinnen nieder.

Politisch geriet die alemannisch besiedelte Bodenseeregion im 8. Jahrhundert unter die Herrschaft der Franken, die dort verschiedene Gaugrafschaften einrichteten. Daran erinnern heute noch die Regionalbegriffe Thurgau, Hegau, Linzgau (das Gebiet über dem nordwestlichen Ufer), Argengau, Rheingau und Allgäu (Alpgau).

Dass die Meersburg mit ihrem „Dagobertsturm" auf den merowingischen König Dagobert (reg. 629–639) zurückgeht und damit die „älteste Burg Deutschlands" sei, ist übrigens eine Sage. Zu dieser Zeit gab es noch keine „Burgen" im Sinne des Mittelalters und das Bodenseeufer dürfte noch schwach besiedelt gewesen sein. Der zentrale Ort am Obersee war Bregenz, das in einer Urkunde 802 *Castrum Bregancia* genannt wurde.

Ein fränkisch-karolingischer Herrschaftsmittelpunkt war die **Kaiserpfalz in Bodman**. Pfalzen (von lateinisch *Palatium* = Palast) waren die Sitze der mittelalterlichen deutschen Könige. Weder die fränkischen Könige noch die römisch-deutschen Kaiser verfügten über eine feste Hauptstadt. Die Herrscher zogen mit ihrem Hofstaat quasi „ambulant" durchs Reich und nahmen in verschiedenen Königs- bzw. Kaiserpfalzen Quartier. Das Bodenseegebiet wurde als Drehscheibe nach Süden häufig frequentiert – dann war Bodman das Ziel. Die erste Erwähnung der Pfalz zu Bodman bezieht sich auf das Jahr 759. Ein weiterer Ausbau fand unter den Karolingern im 9. Jahrhundert statt.

Karl der Dicke (reg. 876–887) soll den Königsweingarten gepflanzt haben, dessen gleichnamigen Wein wir heute hier noch verkosten dürfen. Wie jede Pfalz verfügte Bodman über eine Pfalzkapelle, eine Hofhaltung mit Thron- und Festsaal und Unterkünfte für den Hofstaat. Da sie hart am Seeufer lag, ist mit einer Schiffsanlegestelle zu rechnen.

Und der See, der sich vor der weit berühmten Pfalz ausbreitete, übernahm bald den Namen der Pfalz, der in Urkunden als Potama oder Bodema aufscheint. Ab etwa 850 wird in St. Galler Urkunden der lateinische Name *Lacus Potamicus* oder Podomus gebräuchlich, auf Deutsch der Bodman-See, aus dem sich dann unser Bodensee entwickelte. Bodman wiederum leitet sich aus dem lateinischen „*Podium*" ab. Dies bedeutet Hochfläche oder Höhenrücken – eine wahrlich treffende Bezeichnung für den Bodanrück, der sich wirklich wie ein „Podium" über dem See aufbaut. Manchmal sieht man vom Bodanrück weit nach Westen, bis hin zum Vorarlberger „Bödele" – auch das ein „Podium". Übrigens: Auch unser Dach-„Boden" geht aufs lateinische Podium zurück.

Im 10. Jahrhundert hören wir nichts mehr von der Pfalz und königlichen Aufenthalten. Zwei Jahrhunderte später bezog die Adelsfamilie von Bodman den verlassenen Königshof (siehe Burg Bodman).

Die Kaiserpfalz Bodman dürfte der erste weltliche nachrömische Steinbau in unserem Gebiet gewesen sein. Ausgrabungen erfolgten in den 1930er Jahren. Grundmauern wurden unter der Pfarrkirche und gegen das Seeufer nachgewiesen und teilweise freigelegt. Der „Königsweingarten" trägt einen Spätburgunder, der der Sage nach von Karl dem Dicken eingeführt wurde.

Von 900 bis 955 fegten die Ungarnstürme auch über Südwestdeutschland hinweg. Dem nomadischen Reitervolk der Magyaren (im Volksmund: Hunnen) aus dem Osten vermochten die Herzöge und Könige lange Zeit keinen Widerstand zu leisten. Erst mit der Schlacht auf dem Lechfeld bei Augsburg 955, in der Kaiser Otto I. siegte, war die Zeit der Ungarneinfälle vorüber. Das Kloster St. Gallen war von den Magyaren verwüstet worden. Die Bevölkerung flüchtete sich in Fliehburgen. Klöster lagerten ihre Schätze aus. Die Halbinsel von **Wasserburg** z. B. bot sich dafür an, wo die St. Galler einen Teil ihres Kirchenguts in Sicherheit brachten. Vielleicht hängt auch der Bau des *Castrum Twiel* (**Hohentwiel**) im Jahre 914 mit diesen unruhigen Zeiten zusammen. Wieso sollten sonst die schwäbischen Herzöge ihren ersten Hauptsitz auf diesem unzugänglichen Felsklotz im Hegau errichtet haben? Als die Ungarngefahr gebannt war, wurde die Burg dann auch – anno 970 – von Herzog Burkhart III. und seiner Gattin Hadwig, einer für ihre Zeit sehr gebildeten und einflussreichen Frau, in ein friedliches Benediktinerkloster verwandelt.

Doch ohne Übertreibung dürfen wir für die Jahrtausendwende das Bodenseegebiet als eines der kulturellen Kernländer Europas bezeichnen. Unter den Ottonen, den drei Kaisern Otto I., II. und III., hatte sich das Reich – das seit Otto III. (reg. 983–1002) offiziell die Nachfolge des Römischen Reichs antrat – erstaunlich schnell erholt. St. Gallen und die Reichenauer Klöster wurden wieder aufgebaut. Reformklöster und neue Orden zeigten sich der weltlichen Macht gegenüber selbstbewusst. Der Streit um die „Investitur", die Einsetzung der Geistlichen in ihre Ämter, kündigte neue Auseinandersetzungen an.

Seit dem 10. Jahrhundert tritt das Bistum **Konstanz** als politische und kulturelle Vormacht am Bodensee hervor. Seine Schreiber führen den spätantiken Namen *Lacus Constantiensis* (Konstanzer See) für den See wieder ein. Er setzte sich zwar nicht bei den Deutschsprachigen durch (diese bevorzugen „Bodensee"), blieb aber in den anderen europäischen Sprachen bis heute gebräuchlich: *Lake of Constance, Lago di Costanza, Lac de Constance*. Mit dem heiligen Konrad (reg. 934–975), einem Angehörigen des welfischen Adelsgeschlechts, und dem ebenso heiliggesprochenen Gebhard (979–995), dem Sohn des Grafen Ulrich von Bregenz, saßen einflussreiche Männer auf dem Konstanzer Bischofsthron.

Das Alte und das Neue Schloss Meersburg mit Unterstadt und Hafen

Als Ratgeber Kaiser Ottos des Großen spielten sie auch in der Reichspolitik eine wichtige Rolle.

Die Konstanzer Bischofspfalz mit Münster befand sich innerhalb des alten Kastells, das jetzt „Oberburg" genannt wurde. Gegen den See hin um die Kirche Sankt Johann herum breitete sich die immer größer werdende Handwerkersiedlung, die „Niederburg", aus. Südlich vom Münster entstand ein Handels- und Marktbereich mit St. Stefan als Mittelpunkt. Ende des 10. Jahrhunderts erlangte Konstanz die Marktrechte. Im Jahr 1043 hielt Kaiser Heinrich III. hier eine Reichsversammlung ab – Bischofspalast und Markt müssen den „Großen" des Reichs also schon einiges zu bieten gehabt haben.

Kirchlich unterstand den Bischöfen ein geradezu riesiger Sprengel. Das südliche Baden und Württemberg, die deutschsprachige Schweiz, Vorarlberg und das Allgäu. Dagegen wirkte das eigene Hoheitsgebiet eher bescheiden, es beschränkte sich auf die Halbinsel Höri und den Untersee. Mit **Meersburg** allerdings stand dem Bistum ein wahrhaft hervorragender Stützpunkt am Nordufer des Sees zu. Die Burg, die hier vielleicht schon im 11. Jahrhundert errichtet wurde, diente ihnen als Schutzbau, der leicht über den See erreichbar war.

Die Ritter- und Burgenzeit beginnt

Schutz und Trutz wurden auch zunehmend notwendig, denn unter Heinrich IV. (1056–1106) und seinem päpstlichen Gegenspieler Gregor VII. brach der Investiturstreit auch im Bodenseegebiet in voller Schärfe aus. Um was ging es? Um nichts weniger als um die Ernennung und Einsetzung bzw. „Bekleidung" (= Investitur) des Amtes von Bischöfen, Äbten und höheren Geistlichen. Dies war immer Sache der weltlichen Landesherren, der Herzöge und Könige, gewesen. Gerade die Ottonen hatten sich auf diese Weise einen reich mit staatlichen Hoheitsrechten ausgestatteten Bischofsstand geschaffen, der ihnen als loyale Stütze in geistlichen wie weltlichen Angelegenheiten diente.

Mit dem Erstarken der kirchlichen Reformbewegung aber kühlte sich das Klima zwischen Kirche und Staat bis zum Ausbruch offener Feindseligkeiten ab. Papst Gregor VII. verbot 1075 die Laieninvestitur bei Strafe des Kirchenbanns.

Der Kampf zwischen Papsttum und Kaisertum begann. Der Bischof von Konstanz und der Abt von St. Gallen stellten sich auf die Seite des Saliers Heinrichs IV. Reichenau trat dem päpstlichen Bündnis bei. Auf die Seite des Papstes stellten sich sodann die mächtigen schwäbischen Herzogsgeschlechter, die damals das Bodenseegebiet beherrschten – die Zähringer und die Welfen – und weiter die Herren von Nellenburg und die von Kyburg. Heinrich durfte noch auf die Hilfe der Grafen von Buchhorn zählen und auf ein noch relativ unbekanntes Geschlecht aus dem Elsass: die Staufer. So entstand eine in sich völlig uneinheitliche Frontlinie, die kreuz und quer durchs Bodenseegebiet verlief.

Der Streit wurde durchaus auch auf der militärischen Ebene geführt: Jede Partei war bestrebt, ihre Gefolgschaft zu erweitern und Bewaffnete zu rekrutieren. Und das war die Stunde der Ritter! Erst jetzt, gegen das Ende des 11. Jahrhunderts, taucht dieser „neue Stand" auf, der das Mittelalter mit seiner Lebensart und nicht zuletzt mit seinen „Ritterburgen" prägen wird.

Das Lehenswesen baute auf dem Gefolgschaftswesen auf. Ein freier Herr (*Dominus*) – sei er nun Edler, Graf oder König, oder auch Bischof oder Abt – vergab abhängigen Dienstleuten (Ministerialen oder Vasallen) Land zum „Lehen", wobei es sich eigentlich um „verliehenes" Gut (= *Feudum*, deshalb spricht man auch vom „Feudalismus") handelte. Der Gefolgsmann (Lehensnehmer) war dem Lehensgeber dafür zu Treue und Dienst und im Krieg zur berittenen Heeresfolge verpflichtet. Aus den ursprünglich unfreien „Ministerialen" entwickelte sich im hohen Mittelalter der Waffen tragende Ritterstand (*Eques*, Reiter, Ritter), der sich bald dem eigentlichen Adel, den Edelfreien (*Nobiles*), in Status und Ansehen anglich. Im englischen Wort für Ritter, „*Knight*" (= Knecht) ist die Herkunft noch deutlich erkennbar.

Im 12. und 13. Jahrhundert entstand so eine relativ breite kleinadelige Mittelschicht von Rittern, die zwischen der Masse der unfreien Bauern und dem Hochadel stand. Der Ritteradel übernahm dabei die Verwaltungsfunktion über einen bestimmten Herrschaftsbezirk. Zu seiner standesgemäßen Ausstattung gehörte deshalb auch eine **Burg** als repräsentativer adliger Familiensitz und als herrschaftlicher Mittelpunkt. Je erschlossener, ertragreicher und kultivierter eine Region war, desto kleinteiliger und differenzierter war auch ihre administrative Aufteilung. Das mag die relativ hohe Dichte von Burgen in unserem Gebiet erklären.

Je mehr bewaffnete Arme und feste Burgen ein *Dominus* (freier Herr) um sich zu versammeln vermochte, desto mächtiger war er. Den Vasallen (Gefolgsmännern) kam daher immer größere Bedeutung zu. Fähige Leute, denen man den gesellschaftlichen Aufstieg ermöglichen konnte, gab es offenbar unter den Untertanen genug. Nur so ist das „plötzliche" Erscheinen von Ritterheeren während des Investiturstreites zu erklären. Herzöge und Grafen verfügten seit jeher über eigene Gefolgschaften. Die Königsdynastie der Salier begünstigte indes den unaufhaltsamen Vorgang, dass die Lehen erblich wurden. Damit sollte die Herzogsgewalt in den einzelnen Ländern geschwächt werden.

Auch die Kirche vergab Lehen und scharte somit Streiter um sich. In unserem Gebiet verfügten besonders die Abtei St. Gallen und die Reichenauer Inselklöster über reichen Grundbesitz, der an Adelsgeschlechter verliehen wurde. Ihren kirchlichen Bereich ließ die Kirche durch weltliche Vertreter (*Advocati*, Vögte) verwalten. Vogteien über Kirchen- und Klostergüter waren lukrative Posten, die sehr begehrt waren. Aber die Vögte waren an die Weisungen der Kirche gebunden, wenn auch die Tendenz bestand, dass die Vogteien weltlichen Lehen gleichgestellt und schließlich erblich wurden. Auch kleinere Klöster verfügten über „ihre" dienstverpflichteten Ritter.

Das Wormser Konkordat von 1122 beendete den Investiturstreit. Die Kompromisslösung kam in geistlicher Hinsicht dem päpstlichen Standpunkt entgegen, stärkte aber andererseits die Stellung des Königs bzw. Kaisers in weltlichen Dingen. Und die stützte sich zunehmend auf die breite Schicht der Krieger, die sich in den vorausgegangenen Schlachten als entscheidender Machtfaktor gezeigt hatte. Somit war eine Folge der Auseinandersetzungen, dass sich der Ritterstand mittlerweile fest etabliert und ein eigenes Standesbewusstsein hervorgebracht hatte. Mag der alte Hochadel noch so sehr seine *Nobilitas* gegenüber den Emporkömmlingen betont haben, es nützte nichts.

Die Ritter, obgleich Vasallen, wurden zunehmend als freie Adelige angesehen. Für die nächsten drei Jahrhunderte blieb das Rittertum die bestimmende soziale Kraft. Sie verbreitete ihre Ideale in gesellschaftlicher und künstlerischer Hinsicht. „Ritterlichkeit" und „Höflichkeit" sind Begriffe, die uns heute noch an dieses Ethos erinnern. Die Frauenverehrung führte zu einer höfischen Liebeslyrik, dem Minnesang. Höfische Epen, z. B. das Nibelungenlied, betonten die Werte der Gefolgschaftstreue und des Kriegsdienstes, aber auch den Schutz der Schwachen und der christlichen Tugenden.

> Die Bodenseeregion scheint den Minnesang besonders angeregt zu haben: Von hier stammen die Minnesänger Rudolf von Ems (Hohenems), Burkhard von Hohenfels, Hugo von Montfort (Bregenz), Heinrich von Dettingen und Walter von (Hohen-)Klingen.

Freilich waren dies alles hohe Ideale, der graue Alltag wird, wie könnte es anders sein, seinen Tribut gefordert haben. Besonders die abhängigen Bauern, die dem Ritter per Naturalabgaben und Steuern seinen Lebensunterhalt ermöglichten und für seine Ausrüstung aufzukommen hatten, werden ihren Herrn nicht immer als „Kavalier" kennen gelernt haben.

Zum Sinnbild des Ritters wird das Wappen, ein zumeist farbiges Symbol, das ihn und seine Familie auszeichnet und von anderen ab- und hervorhebt. Ursprünglich waren Wappen nur den alten edelfreien Geschlechtern vorbehalten gewesen. Dass sie sich so rasch auch bei ihren Vasallen verbreiteten, ist ein weiterer Beweis für den gewaltigen Aufstieg der Ministerialität. Innerhalb von nur zwei Generationen, etwa im Zeitraum von 1100 bis 1160, trat eine neue bestimmende gesellschaftliche Kraft in die Geschichte ein.

Das Staufische Zeitalter: Zeit der Ritter, Burgen und Städte (1100–1250)

Während des Investiturstreits waren die Staufer treue kaiserliche, salische Parteigänger gewesen. Das war ein gewagter Einsatz, den es war keineswegs sicher, dass die Salier unbeschadet aus diesem Ringen kommen sollten. Doch die Gefolgschaftstreue zahlte sich für die Staufer aus: 1079 bestieg Friedrich von Stau-

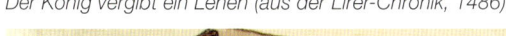

Der König vergibt ein Lehen (aus der Lirer-Chronik, 1486)

fen den schwäbischen Herzogsthron. Er erbaute sich um 1100 die neue Dynastenburg Hohenstaufen auf der Alb zwischen Schwäbisch Gmünd und Göppingen. Nach dem Aussterben der Salier mit dem Tod Heinrichs V. 1125 fielen ihre gesamten Hausgüter an die Staufer. Das war die Grundlage für ihre Machtstellung, die sie mit Konrad III. schließlich auf den Königsthron brachten. Sein Sohn Friedrich I., bekannt als Kaiser Barbarossa („Rotbart"), der das Römisch-Deutsche Reich von 1152 bis 1190 regierte, verkörperte das „staufische Zeitalter".

Mag der offene Kampf zwischen Papst und Kaiser auch im Wormser Konkordat 1122 beendet worden sein, so blieben die alten Fronten doch weiter bestehen. Man wusste nun, wer päpstlich und wer kaiserlich gesinnt war. Die Zähringer und die Welfen hatten sich damals auf die Papstseite geschlagen. Und das vergaßen ihnen die Staufer nicht.

Aber um was ging es eigentlich? Um die Bodenseeregion. Schließlich galt dieses kultivierte Gebiet nicht ohne Grund als wirtschaftlich ertragreich. Wer es, oder zumindest Teile davon, beherrschte, verfügte bereits über einen deutlichen Anteil am Einkommen oder, um es modern auszudrücken, am „Bruttosozialprodukt" des Römisch-Deutschen Reiches!

Mit den Zähringern einigte man sich. Kaiser Friedrich drängte sie zwar aus dem Bodenseegebiet hinaus, belehnte sie aber dafür mit dem ebenso wohlhabenden Burgund. Die Welfen waren ein härterer Brocken. Zuletzt wies Friedrich aber auch den Welfen Heinrich den Löwen, Herzog von Sachsen und Bayern, in die Schranken. 1180 wurde er geächtet und floh nach England. Die welfischen Hausgüter in Oberschwaben und am Bodensee fielen an die Staufer. Auch die Bischöfe von Konstanz und die Äbte der Reichenau zählten zu ihrer Gefolgschaft. 1170 war den Staufern noch die einträgliche Vogtei über das Bistum Chur übertragen worden. Graubünden und das Land bis Chiavenna zählten damit zu ihrem Einflussbereich. Und 1180 folgte die Vogtei über St. Gallen.

Nicht durch Gewalt, sondern durch geschickte Verträge, Kauf, Tausch und dynastische Eheschließungen erwarben sie zu ihrem angestammten Hausgut ein weit umfänglicheres Reichsgut hinzu – und durften somit auf die Huldigungen zahlreicher freier Herren, wie der Truchsesse von Waldburg und der Herren von Arbon, und einer Masse abhängiger Dienstmannen zählen. Die staufische Erbschaft der Grafen von Pfullendorf und der von Lenzburg machte die staufische Überlegenheit perfekt. Damit hatten sie – Ende des 12. Jahrhunderts – die unumschränkte Oberhoheit über unsere Region gewonnen! Der Bodensee war quasi ein „Staufisches Meer" geworden.

Seit der Mitte des 12. Jahrhunderts erscheint **Konstanz** in den Quellen als Stadt. Im Dezember 1146 trat gerade hier der hochberühmte Kirchenlehrer Bernhard von Clairvaux auf und rief zum Zweiten Kreuzzug auf. Das spricht für eine hohe Bevölkerungszahl und auch für die Existenz von Plätzen und Bauten, um Mengen von Pilgern und Kreuzfahrern aufzunehmen. Die verkehrstechnisch günstige Lage am Bodensee und am schiffbaren Rhein zeichnete sich nun aus.

Der heiliggesprochene Bernhard von Clairvaux, der Gründer des Zisterzienserordens, ist übrigens in der Kirche Birnau als barocker Putto *„Doctor mellifluus"* („honigfließender Lehrer") dargestellt. Sein wenig honiggleicher Aufruf zur Eroberung des Heiligen Landes („Gott will es") durch die Kreuzritter führte allerdings zu Konflikten, die heute, im 21. Jahrhundert, noch virulent sind!

Konstanz spielte in der staufischen Reichspolitik eine tragende Rolle. Schon Kaiser Konrad III. hatte sich anno 1142 hier länger aufgehalten. Und die Tatsache, dass in der Stadt 1152/53 ein Reichstag stattfand und ein wichtiger Vertrag zwischen Friedrich Barbarossa und Papst Eugen ratifiziert wurde, spricht für die Bedeutung des Ortes als Zentrum und Mittelpunkt. Die Stadt bot den Beteiligten offensichtlich bereits standesgemäße Unterkünfte und Versammlungsräume. Ein Jahr später sammelten sich hier die Heere, um über Chur und Chiavenna nach Rom zu ziehen. Menschen und Pferde mussten untergebracht und verpflegt werden.

Konstanz war dazu bereits in der Lage. Die ganze Region diente als „Brückenlandschaft" (Arno Borst). Auf der „Königsstraße" von Aachen, Mainz, den Rhein aufwärts und weiter über die Alpen nach Rom waren aber nicht nur waffenglänzende Ritterheere mit ihrem Tross unterwegs, sondern auch Kaufmannszüge und Handelskarawanen mit Fuhrwerken und Tausenden von beladenen Pferden und Maultieren. Alle Anrainer zogen daraus Gewinn.

Die florierende Gewerbesiedlung in der Niederburg durfte sich demnach auf immer wiederkehrenden hohen Besuch einstellen. Handwerk und Handel richteten sich darauf ein. 1155 ehrte der Stauferkaiser das Bistum Konstanz mit einem „großen Privileg" und bekräftigte seine Eigenständigkeit. Manche Historiker sehen darin sogar den ersten Schritt zum späteren souveränen Fürstbistum. Die große Stunde für Konstanz kam im Juni 1183: Kaiser Barbarossa besiegelte hier den Friedensschluss mit dem lombar-

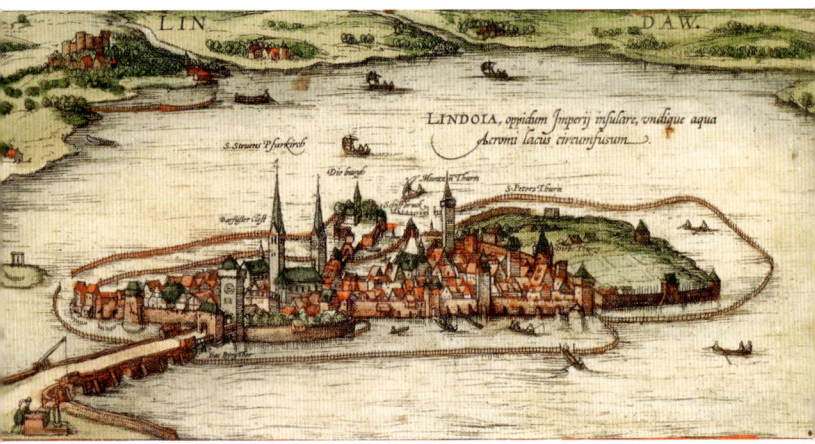

Lindau (Kupferstich von Georg Braun, 1572)

dischen Städtebund, vorab mit Mailand. Der „Friede von Konstanz" ist einer der großen Bausteine der europäischen Geschichte.

Die Staufer begünstigten den Aufstieg des Stadtbürgertums. Und Kaiser Heinrich VI., der Sohn Barbarossas, setzte gleich in Konstanz ein Exempel. 1192 befreite er die Stadt und ihre Bürger von der Besteuerung durch den Bischof. Als die Stauferherrschaft 1212 kurzzeitig vom welfischen Gegenkönig Otto IV. bedroht war, öffnete Konstanz dem Staufer Friedrich II. die Tore. Friedrich II. dankte, indem er den Bürgern das Recht zur Wahl eines Stadtrats zugestand. Das war der entscheidende Schritt hin zu Unabhängigkeit von bischöflicher Herrschaft und zur „Freien Reichsstadt", wie sie sich ab 1237 bezeichnete. Friedrich II. soll 1213 auf der Meersburg die Karwoche gefeiert haben. In der Folgezeit widmete er sich indessen ganz dem staufischen Apulien und Sizilien, wo er einen modernen Fürstenstaat einrichtete. *Stupor Mundi*, das „Staunen der Welt", nannten ihn die Zeitgenossen ehrfürchtig.

Auch **Überlingen** ist eine Stauferstadt. Barbarossa verlieh der Siedlung anno 1180 die Marktrechte. 1187 soll er sogar persönlich hier gewesen sein. Die Erhebung zur Stadt erfolgte dann 1211. Überlingen war von Anfang an eine wohlhabende Kommune. Hier traf die Königsstraße von Ulm nach Konstanz auf den See. Fracht und Personen mussten auf Schiffe umgeladen werden. Dafür besaßen die Überlinger das Monopol. Der Überlinger Stadtkern mit Münster, Rathaus und Ummauerung geht noch auf diese Zeit zurück.

Die staufische Städtepolitik stand auf festen wirtschaftlichen Füßen. Der Fernhandel von Italien über die Graubündner Alpenpässe in die Rheinlande warf gewaltige Gewinne ab. Luxusgüter aus dem Orient nahmen ihren Weg über Venedig, Genua und Mailand. Nach Süden gingen Leder, Erze und Salz. Eigene Produkte waren der geschätzte Bodenseewein, der an allen Hängen rings um den See angebaut wurde, dazu gepökelte Fische (die wegen der häufigen Fastenzeiten in rauen Mengen verzehrt wurden) und Getreide, das in den charakteristischen „Kornspeichern" (Gredhäusern) eingelagert wurde.

Auch für **Lindau** schlug unter den Hohenstaufen die große Stunde. Der als einfacher, zum Kanonissenstift gehörende, 1079 beurkundete Fischmarkt erhielt städtische Privilegien, darunter das Recht zur Stadtbefestigung.

Um das Jahr 1200 repräsentiert die Bodenseeregion wohlhabendes Gebiet. Die starke Herrschaft der Hohenstaufen garantierte Rechtssicherheit und Landfrieden. Fehden und Händel zwischen einzelnen Adeligen oder Städten blieben zwar nicht aus, doch blicken wir insgesamt auf ein relativ friedliches Bild. Die einzelnen Landesherren waren fest in das staufische Herrschaftssystem eingebunden. In Vorarlberg waren das die Grafen von Montfort, in Oberschwaben die Grafen von Heiligenberg, von Fürstenberg und die von Waldburg, im Hegau die Landgrafen von Nellenburg, und südlich des Sees die Grafen von Werdenberg und von Toggenburg, und nicht zu vergessen die Grafen von Habsburg. Eine Mischung aus geistlicher und weltlicher Obrigkeit übten die Bischöfe von Konstanz, der Abt von St. Gallen und der Abt von Reichenau aus.

All diese weltlichen und geistlichen Herrschaften ließen ihre Ländereien von ihren Ministerialen – den schon genannten Rittern – verwalten und schützen. Das ist der Grund, dass nun – im staufischen Hochmittelalter – ein dichtes Netz von Burgen den Bodenseeraum überzieht. Um die Grafenburg gruppieren sich die Burgen der Vasallen (Lehensnehmer), inmitten der Dörfer, an strategisch wichtigen Stellen (Furten, Brücken, Häfen, Straßenkreuzungen) und an den Grenzen als steinerne Wächter. Und da kaum ein herrschaftliches Territorium ein geschlossenes Gebiet umfasste, sondern in viele Kleinherrschaften über die ganze Region verteilt war, finden wir Burgen der diversen Herrschaften über das ganze Bodenseegebiet verstreut.

Die ganz überwiegende Zahl der Burgen und späteren Schlösser am Bodensee ist in der staufischen Periode, im Zeitraum von 1125 bis etwa 1250 gegründet worden.

Leider ist auch das Ende der Staufer mit dem Bodensee verbunden. Kaiser Friedrich II. war kaum mehr nördlich der Alpen präsent gewesen. Auch seinen Nachfolgern lag der Süden näher. Konradin, der letzte legitime Staufersspross, weilte 1267 auf der Meersburg und dann in Arbon, bevor er seinen unglücklichen Zug nach Italien antrat, wo er im folgenden Jahr in Neapel den Tod fand. Nach dem Ende der staufischen Dynastie brach die Ordnung im Reich zusammen.

Aus dem *Interregnum* – der „schrecklichen, herrscherlosen Zeit" – gingen schließlich die Habsburger als Sieger hervor. 1273 erlangte Landgraf Rudolf von Habsburg den Königsthron. Sein Geschlecht kam aus dem Aargau (Nordschweiz) und hatte sich als treue Parteigänger der Staufer die Herrschaft über das südliche Bodenseegebiet gesichert. Doch der Schwerpunkt der habsburgischen Hausmachtpolitik verlagerte sich immer mehr nach Österreich und weiter nach Osten. Ihre Stammgebiete und Besitzungen in Schwaben erhielten den Namen „habsburgische Vorlande" oder „Vorderösterreich". Die Beherrschung des Römisch-Deutschen Reiches war inzwischen kompliziert geworden. Kaiser Friedrich II. hatte in zwei „Fürsten-Statuten" erst den geistlichen und dann den weltlichen Reichsfürsten entscheidende Königsrechte (Regalien) abgetreten. Damit war der Weg zur Bildung nahezu unabhängiger Fürstentümer innerhalb des Reiches vorgezeichnet. Die Reichseinheit zerfiel in eine Unzahl von größeren und kleineren weltlichen und geistlichen Landeshoheiten.

Herrschaftlicher Fleckenteppich im späten Mittelalter

Von der territorialen Zersplitterung war das Bodenseegebiet in hohem Maße betroffen. Jede Herrschaft war bestrebt, ihre politische Unabhängigkeit zu erlangen und zu bewahren. Der Bodensee-Historiker Arno Borst erkannte in diesem Auflösungsprozess sogar eine gewisse „Provinzialisierung". Verglichen mit der europäischen Mittelpunktfunktion, die der Bodensee unter den Staufern eingenommen hatte, ist in der Tat nicht zu übersehen, dass nun – im Spätmittelalter – jede noch so kleine Herrschaft sich von der Zentralgewalt zu lösen versuchte.

Das Bistum Konstanz avancierte zum Fürstbistum, jedenfalls, was seinen weltlichen Grundbesitz betraf, zu dem z. B. die Meersburg gehörte. Die Halbinsel Höri erhielt ihren Namen, weil sie zum Bistum Konstanz „g'höriges" Land war. Die ehedem neuntürmige Burg Gaienhofen war Sitz der fürstbischöflichen Pfleger (Amtmänner, Verwalter). Das Kloster auf der Reichenau vermochte sich immer weniger dem Einfluss der Konstanzer Bischöfe zu entziehen. 1540 unterstellte es sich endgültig der Konstanzer fürstbischöflichen Hoheit.

Auch der Einfluss des Benediktinerstifts St. Gallen schwand, obwohl es formal eine Reichsabtei blieb. Gegen ihre Herrschaft lehnten sich die Untertanen in Appenzell auf und setzten mit den „Appenzeller Kriegen" von 1401 bis 1408 eine folgenschwere Bewegung in Gang, die die ganze politische Landschaft am See verändern wird (siehe Appenzellerkriege). 1521 verlegte der St. Galler Abt seine Residenz in den Küstenort Rorschach.

Die Zisterzienserabtei **Salem** war seit 1354 ein gefreites Stift und stieg 1487 zur Reichsabtei auf. Es gebot über weite Uferstrecken am Nordwestrand des Sees, z. B. über Hagnau und Birnau. Kunstgeschichtlich bedeutsam ist die „Salemer Bauhütte", die Ende des 14. Jahrhunderts die hochgotische Architektur im Bodenseegebiet und in Oberschwaben einführte und geradezu flächendeckend mit gotischen Kirchen und Münstern überzog.

Geistliche Ritterorden fühlten sich vom Bodensee angezogen, weil hier aufgrund der Handels- und Verkehrswege in alle Zentren Europas „internationales Flair" herrschte. 1257 kauften sich die Johanniter in Überlingen ein. Der Deutsche Ritterorden fasste zuerst in Sandegg am Untersee Fuß. 1272 erhielt er die Insel **Mainau** zum Geschenk und richtete dort die Komturei, ihren Verwaltungssitz, ein.

Die Habsburger folgten dem staufischen Vorbild und „arrondierten" (ergänzten) ihre Ländereien durch eine erfolgreiche Politik des Kaufes, Tausches und dynastischer Heiraten. Allein 20 Kleinherrschaften nördlich des Sees boten genug Möglichkeiten, sich einzumischen und sie gegeneinander auszuspielen. Dadurch gerieten die weltlichen Landeshoheiten um den See allmählich in habsburgische Abhängigkeit. Seit dem 14. Jahrhundert bürgerte sich für die Habsburger der dynastische Name „Haus Österreich" ein.

Die geistlichen Territorien waren froh, sich der Schutzvogtei dieser mächtigen Herren, die immerhin den Kaiserthron bestiegen, sicher zu sein. Denn richtig autark war keines der so entstandenen Reichsabteien und Reichsklöster.

Kurioserweise hatte der politische Partikularismus im Spätmittelalter eine außerordentliche Kulturblüte zur Folge. Denn jede Herrschaft, und war sie noch so kleinräumig, war bestrebt, sich in

Prachtbauten und Kunst zu repräsentieren. Das erklärt die Fülle von gotischen Kirchen, Burgen, von Altären und vom Wirken berühmter Künstler in unserem Gebiet.

Pfeffersäcke und Raubritter

Die neue Kraft war das Bürgertum in den Städten. Hier sammelte sich der Reichtum aus Gewerbe und Handwerk und vor allem aus dem überregionalen Handel. Der Import aus dem Orient über Venedig und Mailand warf nach wie vor märchenhafte Gewinne ab. Und die Habsburger eröffneten den Weg nach Wien und Osteuropa. Berühmt war die *tela di Costanza*, Leinwand und Leinen aus Konstanz, St. Gallen und Ravensburg, die über Ulm und die Donau nach Osten, über den Rhein nach Brügge und über die Alpen nach Süden exportiert wurde. Ein Stein gewordenes Sinnbild dieser Wirtschaftskraft ist das 1388 errichtete „Kaufhaus" am Konstanzer Hafen (heute eher als Konzilsgebäude bekannt).

Wichtige Umschlagplätze, wo Waren auf Schiffe verladen und wieder entladen wurden, waren Buchhorn (heute Friedrichshafen), Rorschach und Fußach an der Rheinmündung.

Geld bedeutet seit jeher die eigentliche Freiheit. Im 13. und 14. Jahrhundert erreichen damit bürgerliche Kommunen Privilegien und steigen zu Reichsstädten und Freien Städten auf, die unabhängig und formal nur dem Kaiser untertan waren. Die Habsburger stützten sich auf diese Städte und privilegierten sie weiter.

Den Bürgern von Überlingen, seit 1268 Reichsstadt, ging es so gut, dass sie dem Kaiser wichtige Rechte einfach abkauften. Außerhalb der Stadtmauern erwarben sie zahlreiche Dörfer und ausgedehnte Güter und traten somit fast adelsgleich als Grundherren auf. Radolfzell erwarb 1267 vom Reichenauer Abt städtische Rechte, die 1298 an die Habsburger übergingen. Mit dem Status der Reichsfreiheit musste Radolfzell noch bis 1415 warten. Das kleine Buchhorn (heute ein Teil Friedrichshafens) war seit 1254 Reichsstadt, Lindau seit 1274.

Das Dorf unter der Burg Meersburg wurde 1299 zur Stadt erhoben und sogleich durch künstliche Aufschüttung (Unterstadt) in den See hinein erweitert. Bregenz wird 1249 unter den Grafen von Montfort als städtisches Gemeinwesen erwähnt. Es nahm den hochgelegenen Platz der heutigen Oberstadt ein. Arbon erhielt 1255 Stadtrechte vom Konstanzer Bischof.

Sobald einem Ort die Stadtrechte übereignet worden waren, zeigte die Bürgerschaft ihren neuen Status durch die Anlage einer steinernen **Stadtmauer** und den Bau fester Stadttore und Wehrtürme. Im Mittelalter und der frühen Neuzeit sind „Stadt" und „Stadtmauer" untrennbar verbunden. Die Ummauerung zeigte unmissverständlich den besonderen Rechtsstatus innerhalb der Mauern („Stadtluft macht frei") an. In unseren genannten Beispielen haben sich noch eindrucksvolle Reste der Stadtbefestigungen erhalten. Auf politischer Ebene organisierte sich der Schwäbische Städtebund (1376) und verteidigte erfolgreich die Unabhängigkeit der Städte gegenüber dem Kaiser und den Landesfürsten. Im Bodenseegebiet stand Konstanz an seiner Spitze. Bisweilen gingen die Städte gegen Adlige vor, die von Kaufmannszügen Zoll oder Maut verlangten. Für die Städter waren sie „Raubritter", „Strauchritter" oder „Heckenreiter", weil sie die mit Waren beladenen Fuhrwerke im Gebüsch abpassten, was die Herren ihrerseits für das „gute alte Recht" gegenüber den „Pfeffersäcken" hielten. Meist ging das schlecht für die Junker aus, und manche Burg versank in Schutt und Asche, wie die **Ruggburg** auf der Pfänderterrasse anno 1452. Denn die Städte waren gewappnet. Konstanz z. B. hielt zum Schnelleinsatz stets 40 Armbrustschützen bereit.

Im Hegau tobte von 1439 bis 1445 ein regelrechter Raubritterkrieg. Selbst auf dem See wurde gekämpft. Unter der Führung Überlingens ging der Schwäbische Städtebund daran, den zu Raubnestern gewandelten Hegauburgen den Garaus zu machen.

Bodenseeräuber überfallen ein Kaufmannsschiff (Holzschnitt von Hans Schäufelein, um 1530)

Als Voraussetzung besetzte man erst mal Radolfzell, den Hauptsitz der Hegau-Ritterschaft. Dann fielen die **Schrotzburg** und fünf weitere Adelsburgen.

Konstanz, Überlingen und Ravensburg durften sich vom Ende des 14. bis zur Mitte des 16. Jahrhunderts unter die reichsten Städte Deutschlands zählen. Die städtischen Eliten orientierten sich indes am Ritteradel. Patrizier erbauten sich Stadtburgen und kauften die verschuldeten Rittergüter im Umkreis auf. So entstand eine neue Nobilität, während der alte Landadel verarmte, weil er am Wirtschaftsaufschwung des 15. Jahrhunderts aus Standesdünkel kaum Anteil hatte. Die Geschäfte in der Stadt spielten sich in nüchternen Kontoren ab, die Freizeit verbrachten die Patrizier und reichen Handelsbürger im Umland auf Burgen, wo man Ritter spielen konnte.

Ein schönes Beispiel eines innerstädtischen Patrizierpalastes ist das „Haus zum Kunkel" in Konstanz. Es stammt aus dem 14. Jahrhundert. Farbige Wandmalereien zeigen Szenen aus dem Ritterleben. Die Patrizier demonstrierten damit stolz ihren Status als Turnieradel. In Vorarlberg übernahm die bürgerliche Familie der Deuring zahlreiche Landschlösser und baute sich in der Bregenzer Oberstadt das Deuring-Schlössle.

Gegen die Bestrebungen des Bürgertums formierten sich Ritterbünde und Adelsgemeinschaften. In der Rittergesellschaft vom Sankt Georgenschild schlossen sich die reichsfreien Adeligen Oberschwabens anno 1407 zusammen, um ihre „alten Rechte" gegenüber Landesfürsten und Städten zu bewahren. Die Hegauer Ritterschaft besaß in Radolfzell ein eigenes Ritterschaftshaus, wo sie seit 1427 regelmäßige Versammlungen abhielt.

Appenzeller als Burgenbrecher: Der „Bund ob dem See" (1405)

Die Herren Ritter taten übrigens gut daran, ihre Ehrenhändel und Fehden einzuschränken und sich in Wehrgemeinschaften zu vereinigen. Zunächst noch unbeobachtet braute sich nämlich in St. Gallen und Appenzell eine brandgefährliche Gewitterlage zusammen. Im St. Galler Abt Kuno von Stoffeln betrat eine besonders hoffärtige Person in dem an Standesdünkel reichen Spätmittelalter die Szene. Als er versuchte, sich die Hoheitsrechte über Appenzell zu verschaffen, rebellierten die Einwohner und fanden Rückhalt in der kampferprobten Schweizer Eidgenossenschaft.

1403 schlugen die Appenzeller die St. Galler Söldner und ihre adeligen Verbündeten vernichtend bei Vögelinsegg.

Daraufhin rüsteten die Habsburger zum Krieg gegen das widerspenstige Bergvolk – aber nur um sich 1405 am Stoß eine empfindliche Niederlage einzuhandeln. Die kernigen Appenzeller waren gut gerüstet und wussten, wofür sie kämpften. Im vorarlbergischen Rheintal brachen sie eine Burg nach der anderen. Selbst das schwer befestigte **Hohenems** fiel ihnen zum Opfer. Diplomatisch geschickt gründeten sie den „Bund ob dem See", dem zahlreiche Gemeinden beitraten. 1408 rückten sie auf Bregenz vor, das sich dem Bund verweigert hatte. Erst dort stießen die Appenzeller auf heftigen Widerstand. Der kaiserliche Schiedsspruch von Konstanz im selben Jahr beendete wenigstens die Kampfhandlungen, die mit großer Erbitterung geführt worden waren. Appenzell blieb faktisch frei und schloss sich in der Folgezeit in mehreren zeitlichen Etappen der Schweizer Eidgenossenschaft an. Eine Bestimmung des Konstanzer Friedens von 1408 lautete übrigens, dass keine der zerstörten Burgen wieder aufgebaut werden durfte.

Das Konstanzer Konzil (1414–1418): Kaiser, Kurtisanen und ein folgenschweres Urteil

Noch einmal stand Konstanz im Fokus der internationalen Politik: Im Herbst 1414 berief König Sigismund (Kaiser von 1433 bis 1437; zur Abwechslung kein Habsburger, sondern ein Luxembur-

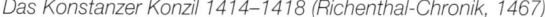

Das Konstanzer Konzil 1414–1418 (Richenthal-Chronik, 1467)

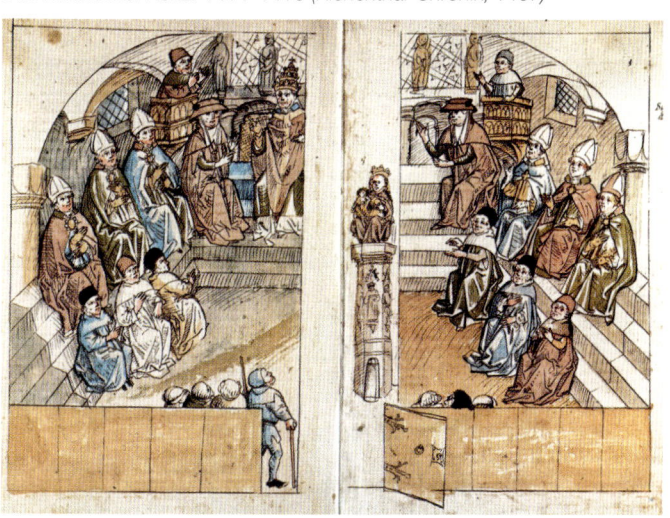

ger) das Konzil von Konstanz (1414–1418) ein. Die Stadt bot sich an, weil sie von allen Seiten gut erreichbar war. Auf der Agenda standen alle wichtigen Fragen der Zeit: die Wiederherstellung der Kircheneinheit – schließlich standen sich vier Gegenpäpste gegenüber –, die Reform der Kirche „an Haupt und Gliedern" und nicht zuletzt die Glaubensfrage, die der böhmische Kirchenlehrer Jan Hus aufgeworfen hatte.

Zur Klärung des theologischen Disputs hatte ihm König Sigismund freies Geleit zugesichert. Etwa 700 Bischöfe und Prälaten reisten an und sicher ebenso viele Fürsten und deren Gesandte. Stadt und Bistum waren auf den Massenbesuch gut vorbereitet. Ihre Einwohnerzahl von 7000 Menschen verdoppelte sich für fast vier Jahre. Sowohl innerhalb der Stadtmauern wie auf dem Land standen genügend standesgemäße Herbergen zur Verfügung. Die Konferenzen wurden im Münster und im geräumigen „Kaufhaus" am See abgehalten, das heute noch besteht. Zu Engpässen an Lebensmitteln und Wein scheint es nicht gekommen zu sein. Für das weitere leibliche Wohl der versammelten Würdenträger sorgte zudem eine Tausendschaft von Hetären und Kurtisanen aus aller Herren Länder.

In der üppigen Figur der „Imperia" (li.), die den Konstanzbesucher seit 1993 am Hafen empfängt, hat der Bildhauer Peter Lenk aus Bodman diesen damals „Hübscherinnen" genannten Frauen ein Denkmal geschaffen. Die attraktive Dame hält in der einen Hand

eine kleine Papstfigur, in der anderen einen Kaiser. Sehr lebensnah! Und der Südtiroler Kriegsmann und Minnesänger Oswald von Wolkenstein (re.), der auf dem Konzil weilte, dichtete recht zweideutig: *„Denk ich an Kostnitz an dem See, tut mir gleich der Beutel weh."*

Die größte „Show" des Mittelalters löste immerhin die Papstfrage, während die Frage nach der Kirchenmoral hintangestellt wurde, nicht zuletzt, weil die Geistlichkeit nicht auf ihre Konkubinen verzichten wollte. Getrübt wurde das leichtlebige Konzil durch das

Todesurteil gegen den „Ketzer" Jan Hus, das 1415 vollstreckt wurde. Ein klarer Rechtsbruch, der die blutigen Wirren der Hussitenkriege provozierte. Glimpflicher erging es dem Gegenpapst Johannes, der gefangen genommen wurde und bis Konzilsende in der Burg **Gottlieben** einsaß.

Handfeste Eidgenossen: der „Schwaben-" oder „Schweizerkrieg" (1499)

Der Schweizerkrieg (aus der Embser Chronik, 1616)

Dem Habsburger Kaiser Friedrich III. gelang es 1488, die Rittergesellschaften und den Schwäbischen Städtebund zum „Bund im Land zu Schwaben" zusammenzufassen. Der so entstandene „Schwäbische Bund" sah seine Aufgabe in der Wahrung des Allgemeinen Landfriedens, der 1486 feierlich zu Frankfurt verkündet worden war. Der neue Kaiser Maximilian I. erneuerte auf dem Reichstag zu Lindau 1495/96 den Schwäbischen Bund. Er selbst wurde dort von seinem Sohn Philipp von Burgund vertreten. Prächtige Fresken am Lindauer Rathaus erinnern an den kaiserlichen Besuch in der Inselstadt.

Schon kurz danach, anno 1499, kam es zur ersten Bewährungsprobe gegen die Schweizer Eidgenossen. Die Auseinandersetzungen brachen in Hard am See aus und verbreiteten sich blitzartig. Der Hegau wurde mehrfach verwüstet. Am Untersee stürmten die Schweizer eine Burg nach der anderen. In dem kurzen, aber heftigen Schwabenkrieg (oder Schweizerkrieg) blieben die Eidgenossen Sieger. Basel und Schaffhausen schlossen sich ihnen an. Auch Konstanz liebäugelte mit dem Beitritt, blieb aber beim Reich. Die Eidgenossenschaft erlangte die Landvogtei über den Thurgau und ist seither am südlichen Bodensee präsent. Der Frieden von Basel (1499) markiert einen wichtigen Baustein zur staatlichen Unabhängigkeit der Schweiz.

Den Bauern reicht's jetzt! (1525)

Die Lage der Menschen auf dem Land war genauso uneinheitlich wie die gesamte Region. Sozial und wirtschaftlich ging es ihnen im späteren Mittelalter keineswegs schlecht. Berichte von Leibeigenschaft und gnadenloser Unterdrückung bedienen ein einseitiges Klischee, das nur in Ausnahmefällen zutraf. Die große Masse der Untertanen bestand aus halbfreien Lehensbauern und Pächtern. Sie waren „Hörige", die zu einer Grundherrschaft gehörten und zu Frondiensten und Abgaben verpflichtet waren. Ein guter Teil war aber persönlich frei und bestellte das eigene Gut. Die Steuerbelastung erreichte manchmal ein Drittel des Ertrages. Trotzdem dürfte mancher Großbauer auf den sprichwörtlichen „armen Ritter" herabgeblickt haben.

Als Faustregel gilt: Je größer und durchsetzungsfähiger ein Landesfürstentum war, desto mehr Rechtssicherheit konnte es seinen Untertanen bieten, was z. B. auf die habsburgischen Lande

zutraf. Je kleiner die Herrschaft, desto stärker und willkürlicher war der Abgabendruck seitens der Obrigkeit. Gefürchtet waren besonders die kleinen Reichsritterschaften, die ihre wenigen Bauern bis aufs Letzte auspressten. Der Spruch „Unterm Krummstab ist gut leben" mag auf die geistlichen Herrschaften zugetroffen haben, nicht jedoch auf die von ihnen vergebenen Vogteien.

Bauernaufstand (aus der Schwäbischen Chronik Konrad Lirers, 1486)

Die Bauernschaft war demnach in sich gesellschaftlich stark differenziert. Gemeinsamkeit bestand nur in der Tatsache, dass sie keinen Stand im rechtlichen Sinne bildete, also politisch unmündig und von den Reichsversammlungen ausgeschlossen blieb. Handfest vorgebrachte Beschwerden des Landvolks und Konflikte mit der Obrigkeit waren zahlreich. Streitgründe gab es ja genug. Meist einigte man sich jedoch gütlich. Nach 1500 jedoch verschärfte sich die Lage, einerseits wegen erhöhter Abgabenlast, andererseits, weil die Bauern nicht mehr gewillt waren, jede Form von Selbstherrlichkeit widerspruchslos hinzunehmen. Die Reformation (ab 1517) und Martin Luthers Schrift von der „Freiheit eines Christenmenschen" brachten überdies eine geistige Qualität in die Auseinandersetzung. Und was früher lokal begrenzte Fälle gewesen waren, breitete sich nun als Aufruhr über ganze Landstriche und Regionen aus.

Im Dezember 1524 rotteten sich die Bauern im Hegau und in Oberschwaben zusammen. Der Hegauer Adel flüchtete sich in seinen festen Sitz zum Georgenschild in Radolfzell. Dann versammelten sich die Bauern des Linzgaus und bildeten 1525 zusammen mit anderen „Rottierungen" den „Seehaufen". Klöster wie Salem wurden besetzt und dienten als Stützpunkte. Eine Reihe von Burgen öffneten nach Drohungen der „Bauernhaufen" ihre Tore, wie Achberg und die Meersburg. An Städten konnten sie nur Buchhorn und Markdorf „öffnen", Lindau und Überlingen verhielten sich feindlich und schlossen die Tore. Ein Übergriff auf die Reichenau scheiterte an Konstanzer Abwehrmaßnahmen. Auch die zehnwöchige Belagerung von Radolfzell blieb ohne Erfolg. Die Vorbereitungen zur Belagerung Überlingens blieben stecken – im Gegenteil, nun rückten die Überlinger aus und hielten den Seehaufen in Schach. Jetzt bewährten sich die schweren Stadtbefestigungen, welche die Überlinger hatten anlegen lassen.

Zu umfassenden militärischen Operationen kam es nicht, weshalb sich die Zerstörungen auch in Grenzen hielten. Im Frühjahr zog Truchsess Georg von Waldburg die Truppen des Schwäbischen Bundes zusammen und erschien hochgerüstet am See. „Bauernjörg" nannte man den Feldherrn, und das war nicht schmeichelhaft gemeint. 7000 Landsknechte des Schwäbischen Bundes (ironischerweise meist bäuerlicher Herkunft) standen 12.000 bewaffneten Bauern gegenüber. Keine Seite wagte jedoch den offenen Angriff. Nach einer Weile des „Stehens" unterschrieb man den Weingartner Vertrag. Unter der Zusicherung der Straffreiheit und dem Versprechen des Waldburgers, Schiedsgerichte einzusetzen, löste sich der Seehaufen auf. Die Anführer der „Bauernhaufen" hatte man vorher durch Geldzahlungen und in Aussicht gestellte Standeserhöhungen erfolgreich „überzeugt". So

Georg Truchsess von Waldburg, der „Bauernjörg" (1488–1531)

ging der Bauernkrieg am See relativ glimpflich zu Ende, verglichen mit den blutigen Niederschlagungen andernorts. Nur die Überlinger „traten nach" und ließen mehrere Anführer der Linzgauer Bauern hinrichten. Diese hatten sich geweigert, mit Überlingen gegen die Hegaubauern zu kämpfen.

Die Reformation bewirkte eine weitere Zersplitterung unseres Raumes, diesmal in konfessioneller Hinsicht. Die Reichsstädte schlossen sich im Wesentlichen den evangelischen Reichsständen an. Das Land am Nord- und Ostufer blieb weitgehend katholisch. Einzelne Adelsgeschlechter spalteten sich in katholische und protestantische Linien auf. Die eidgenössischen Gebiete allerdings – immerhin das gesamte Süd- und Westufer – bekannten sich zum überwiegenden Teil zur reformierten Kirche. An den protestantisch gesonnenen Bürgern von Konstanz statuierten die erzkatholisch gebliebenen Habsburger ein Exempel. Kaiser Karl V. verhängte die Reichsacht über die Stadt und erkannte ihr 1548 die Reichsfreiheit ab! Konstanz sank herab zu einer vorderösterreichischen Landstadt. Der geradezu dramatische Abstieg der größten und ehedem vermögendsten Kommune am See hatte freilich schon vorher eingesetzt. In Folge der Entdeckungen neuer Seewege verlagerte sich der Welthandel auf den Atlantik und Pazifik. Orientwaren wurden nun übers Meer verschifft und die alten binnenländischen Handelszentren Europas sahen sich plötzlich vom neuzeitlichen Fernhandel abgekoppelt. Der Warenstrom über die Alpenpässe versiegte. Nicht nur Konstanz, auch Überlingen und Lindau erlebten einen ökonomischen und damit politischen Niedergang.

„Kriegs-Theater" am Bodensee (1647/48)

Lähmend wirkte sich der Dreißigjährige Krieg (1618–1648) aus, in den die Bodenseeregion mehrfach hineingezogen wurde. Der Bevölkerung war es gleichgültig, welche Kriegspartei gerade durchmarschierte: das Kaiserlich-habsburgische Heer, die Schweden oder die Franzosen. Die Folgen der Verwüstung und Plünderung

waren dieselben. Konfessionelle Unterschiede spielten im Kriegs-
alltag überhaupt keine Rolle mehr. Nicht tangiert von den Verhee-
rungen blieb die schweizerische Eidgenossenschaft. Während
Oberschwaben aufgrund der Kriegshandlungen zum einfachen
Agrarland zurückfiel, blühte das thurgauische Ufer wirtschaftlich
und übernahm die lukrative Textilherstellung.

Einzelne turbulente Ereignisse stechen hervor: *„Kriegs-Theatrum"*
nannten die zeitgenössischen Chronisten diese meist unschönen
Vorkommnisse: 1632 standen die Schweden unter König Gustav
Adolf bereits südlich der Donau und forderten die dortigen Festungen, darunter auch Bregenz, zur Kapitulation auf. Vergeblich.
Das kaiserlich besetzte Überlingen wurde zwei Mal von schwedischen Truppen erfolglos angegriffen, 1632 und 1634. Dazwischen,
1633, hielt Konstanz eine fünfwöchige schwedische Belagerung
aus. Hilfe wurde der bedrängten Stadt per Schiff über See zuteil.
Der **Hohentwiel**, gegen Ende des 16. Jahrhunderts neuzeitlich befestigt, erwies sich als unüberwindliches Bollwerk der protestanti-
schen Württemberger Herzöge im Hegau. Um den Gegnern keine
Stützpunkte zu bieten, wurden damals die noch bestehenden He-
gau-Burgen um den Hohentwiel herum der Reihe nach zerstört.
Und von hier aus erfolgte dann 1643 doch noch die Eroberung
Überlingens, die durch eine französische Besatzung gesichert wer-
den sollte. Im nächsten Jahr drangen jedoch die Bayern in die
Stadt ein, die dann 1647 noch den Schweden weichen mussten.

Noch in den sich bereits abzeichnenden letzten Kriegsjahren rückten starke schwedische Verbände unter dem kampferprobten General Carl Gustav Wrangel Richtung Bodensee vor. Ihr Ziel war Tirol, um die Habsburger ins Herz zu treffen und durch breiten Ge-
ländegewinn vollendete Tatsachen zu schaffen. Nicht umsonst
hieß es in einem martialischen Gedicht:

*„Heerpaucken/ Trompeten/ Karthaunen/ Musqueten/ Blut trief-
fende Degen/ hellblinkende Waffen/ das Puffen das Paffen/ der
rollenden Wägen/ rauchdämpffende Blitz/ rollt/ brüllet mit don-
nerndem Wrangels Geschütz."*

Als die Schweden im Dezember 1646 Lindau beschossen, wagte die kaiserliche Besatzung einen beherzten Ausfall und zerstörte mehrere Kanonen. Wrangel teilte darauf seine 8000 Mann in
mehrere Abteilungen und rückte auf Bregenz vor. Die **„Bregenzer Klause"** bildet seit jeher einen hervorragenden natürlichen
Sperrriegel. Der felsige Pfänderausläufer des Haggen fällt hier steil
zum See ab und lässt nur einen schmalen Durchgang frei. Kein
Wunder, dass dieser strategische Engpass durch eine „Klause",
einen Torturm, befestigt war.

Die habsburgisch gesonnenen Vorarlberger hatten hier etwa 2000
Verteidiger unter Oberst Kaspar Schoch zusammengezogen. Auch

den Pfänderabhang hatten die Landesverteidiger vorsorglich durch Schanzwerke ("Schwedenschanzen") gesichert. Und hier erfolgte dann auch im Januar 1647 der Generalangriff Wrangels, der zum Durchbruch führte. Dass ein Bregenzer Verräter aus den eigenen Reihen die Feinde übers unwegsame Gebirge geführt haben soll, ist eine erst später entstandene "Rechtfertigungssage". Viel eher war dafür die Abberufung Kaspar Schochs mitten während der Kampfhandlungen verantwortlich. Als Wrangel dies zu Ohren kam, meinte er: *"Nun ist die Festung Bregenz mein!"*

Bevor die Schweden noch im selben Jahr abzogen, sprengten sie die altehrwürdige Burg Hohenbregenz (**Gebhardsberg**) in die Luft. Strategisch mag das belanglos gewesen sein, aber das Wahrzeichen Vorarlbergs brach damit in sich zusammen (zu einer malerischen Ruine, wie wir heute ergänzen dürfen).

Nach der Bregenzer Sage hat der Verräter übrigens seine gerechte Strafe empfangen: Als er von Wrangel seinen Lohn forderte, habe der ihm eine Schaufel gegeben und ihm gesagt, er solle das "Güldene Kegelspiel" ausgraben, das die Grafen von Bregenz während des Appenzellerkrieges am Pfänderabhang versteckt hätten. Dort gräbt er als Gespenst immer noch jede Mitternacht. Nach anderer Ansicht wurde der Verräter in den "Klushund" verwandelt, einen Riesenhund mit feurigen Augen, der nächtens an der Bregenzer Klause sein Unwesen treibt.

Die Zerstörung der Burg Hohenbregenz 1647 markiert den Endpunkt der Burgenzeit am Bodensee. Ritter gab es schon lange nicht mehr und die einstigen Burgen waren entweder zerstört und verlassen worden oder hatten sich zu komfortablen Wohnschlössern gewandelt.

Wann werden Burgen durch **Schlösser** abgelöst? Eine schwierige Frage. In der Spätgotik – also im 15. und der ersten Hälfte des 16. Jahrhunderts – erfuhren die meisten Burgen einen profunden Um- und Ausbau. Durch Ummauerung mit Zwingeranlagen und Geschütztürmen blieb ihre Verteidigungsfunktion zwar durchaus noch präsent, doch im Inneren wurden die Bauten wohnlich und kunstvoll ausgestattet und ihrer amtlichen Verwaltungsaufgabe angepasst. Ein treffendes Beispiel für so ein "Burgschloss" ist die Meersburg, deren mittelalterlicher Turm um 1500 mit voluminösen Wohnbauten umgeben wurde. Im Zeitalter der Renaissance (1550–1620) trat die adelige und fürstliche Repräsentation ganz in den Vordergrund, das Vorbild war die prunkvolle italienische Palazzo-Architektur. Einen Abglanz davon finden wir in Heiligenberg und im Palast zu Hohenems. Als sich die Glaubenskämpfe verschärften, entstand mit der **„Festung"** ein neuer Bautypus. Die Befestigungen sind reine Zweckbauten. In unserem Gebiet wurden einige der alten Burgen zu neuzeitlichen Festungen umgebaut und der modernen Waffentechnik angepasst, wie der Hohentwiel oder, weniger erfolgreich, Hohenbregenz.

Die neuere Zeit: „Stilles Genügen am Rande" (Gustav Schwab)

Das Zeitalter des Barock, das nach dem Dreißigjährigen Krieg geradezu triumphal auftritt, zeigt sich am Bodensee eher in der sakralen Baukunst (Birnau, St. Gallen). In Oberschwaben waren die berühmten Vorarlberger Barockbaumeister tätig. Aber selbstverständlich hinterließ das Prunk liebende 17. und 18. Jahrhundert auch barocke Schlossbauten, z. T. sogar mit feiner Rokoko-Ausstattung, das Neue Meersburger Schloss etwa oder die Deutschordens-Kommende Mainau.

Im 19. Jahrhundert beobachten wir ein eigenartiges Phänomen: Einerseits setzt am See die moderne Industrialisierung ein, doch andererseits wächst mit der geistigen Strömung der „Romantik" die sentimentale Sehnsucht nach der „guten alten Zeit". Auch das Mittelalter und die Ritterzeit wurden idyllisch verklärt. Im Baustil schlug sich das nieder in neuen Schlössern im „alten Gewand" wie z. B. in Langenargen oder in Villen im neu-romanischen oder neu-gotischen „Burgen-Styl".

Aus dem Zusammenschluss der ehemaligen Reichsstadt Buchhorn und dem Kloster Hofen entstand 1811 die Stadt Friedrichshafen, benannt nach dem württembergischen Monarchen Friedrich I. Die verweltlichten Klostergebäude wurden 1824 zum **„Schloss Friedrichshafen"** umgewandelt und dienen dem ehemaligen Königshaus bis heute als Sommerresidenz. Besichtigt werden kann die von 1695 bis 1702 neu erbaute, doppeltürmige Schlosskirche am Ende der grünen Uferpromenade.

Das Mosaik von 20 geistlichen und weltlichen Territorien wurde zu Beginn des 19. Jahrhunderts „säkularisiert" (verweltlicht) und „mediatisiert" (eingeebnet). Die modernen Staaten Württemberg, Baden und Bayern bedienten sich aus diesem Konglomerat im nachvollziehbaren Interesse, ein Stück Bodenseelandschaft zu erlangen. Österreich behauptete seine Stellung in der Bregenzer Bucht. Und die Schweiz betont ihre Eigenstaatlichkeit am südlichen Seeufer bis jetzt. Die Zukunft wird freilich europäisch sein.

Burgen, Schlösser, Residenzen und Wehrbauten rund um den See

Europäische Erinnerungsorte

Burgen und Schlössern kommt als Zeugnissen gemeinsam durchlebter und durchlittener Geschichte die gesellschaftliche Aufgabe zu, Erinnerungsorte zu bilden, die zum Nachdenken über geschichtliche Zusammenhänge anregen. Am Bodensee ist dies möglich mit allem, was der moderne Tourismus bietet: mit Spaziergängen, Walken, Wandern, Radfahren, Biken, Reiten und mit Bahn- und Schifffahrten. Folgen wir der eingangs angezeigten Burgen-Route rund um den Bodensee – von Bregenz nach Lindau und dem deutschen Ufer entlang bis zum Untersee, und von Konstanz über das schweizerische Ufer ins Vorarlberger Rheintal zurück.

Open-Air-Veranstaltung auf der Insel Mainau

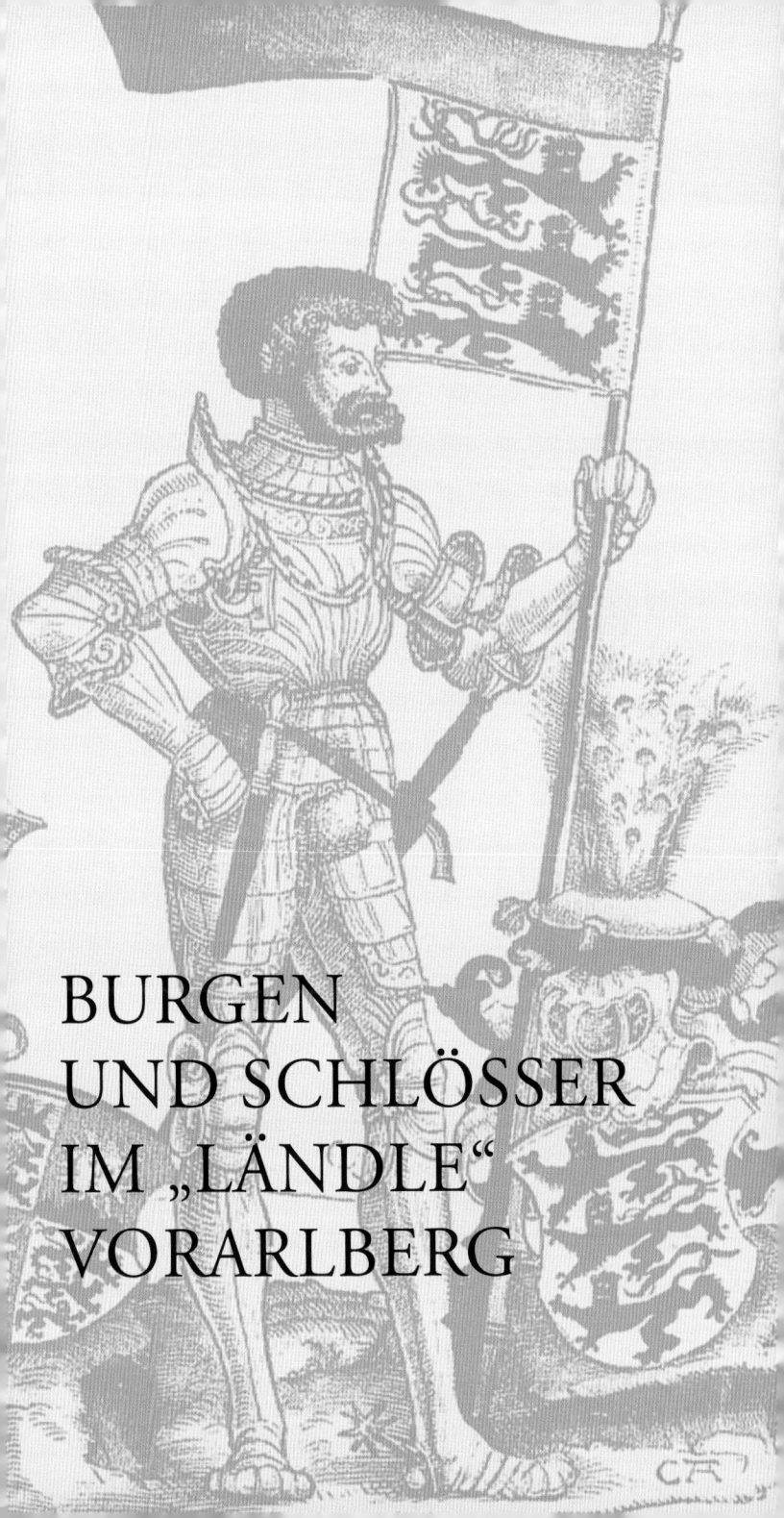

BURGEN
UND SCHLÖSSER
IM „LÄNDLE"
VORARLBERG

Bregenz

„Geh doch in die Oberstadt!"

Bregenzer Oberstadt mit Deuring-Schlössle (links) und Martinsturm

Bregenz, die Hauptstadt Vorarlbergs, ist eine geschäftige Metropole. Dichter Verkehr wälzt sich seit jeher von Nord nach Süd und umgekehrt, von Deutschland nach Italien und in die Schweiz. Menschen und Warenströme müssen die schmale Bregenzer Klause zwischen dem Kiesstrand der Bregenzer Bucht und dem Pfänder passieren, bevor sie das flache Rheintal erreichen. Die Untertunnelung des Pfänderstocks leitet heute den Großteil des Durchgangsverkehrs ab. Kurz nach der Klause treten die Steilhänge des Haggen zurück und geben den Blick frei auf Bregenz, die Kulturhauptstadt der Bodenseeregion mit der größten Freilichtbühne der Welt und seinem avantgardistischen Kunsthaus. Das heutige urbane Zentrum von Bregenz ist der Leutbühel, wo

sich die Seekapelle erhebt, die über den Gebeinen der in der Bregenzer Appenzellerschlacht 1408 gefallenen Kämpfer errichtet wurde. Von hier führen enge Gässchen hinauf in die **Oberstadt,** die wir zu Fuß erklimmen.

Relief der keltischen Pferdegöttin Epona (Vorarlberger Landesmuseum)

Das Tor zur Oberstadt, ein kleines Freilichtmuseum

Schon während des Anstiegs auf der zuletzt recht steil gepflasterten Maurachgasse fällt die „Bregenzer Hektik" völlig von uns ab und macht einer wohltuenden Ruhe Platz. Und dann stehen wir vor dem schön bemalten „**Unteren Tor**", das einem kleinen Freilichtmuseum gleichkommt.

Über dem äußeren Torbogen reitet die römische Göttin Epona. Das antike Originalrelief befindet sich heute im Vorarlberger Landesmuseum. Im 17. Jahrhundert wurde es aus dem versunkenen Schutt des römischen Brigantium geborgen und – als heiliger Martin interpretiert – hier eingemauert. Ein zum Glück hochgezogenes Fallgitter mit rostigen Eisenspitzen wirkt immer noch bedrohlich. Prangergeräte zeugen von früherer Gerichtsbarkeit. Eine naturkundliche Kuriosität ist der „verholzte" Zahnwal, der im Torgewölbe hängt. Früheren Generationen galten solche Moorfunde als Beweis für die Sintflut.

Neben dem Torhaus baut sich unübersehbar der wuchtige **Martinsturm** auf, mit seiner ausladenden Zwiebelkuppel das Wahrzeichen von Alt-Bregenz. Dass der massige quadratische Turm als Wehrbau diente, erkennen wir am Zugang. Nur über eine über-

dachte knarrende Holzstiege ist das Portal in luftiger Höhe zu erreichen. Solche Hocheingänge sind charakteristisch für Bergfriede und Wohntürme des 13. Jahrhunderts. Im Erdgeschoss (das ebenerdig betreten werden kann) befindet sich die Martinskapelle. Kurz nach ihrer Weihe anno 1362 wurde sie mit farbigen Fresken verziert, die noch gut erhalten sind. Wir erkennen die Geburts- und Passionsgeschich-

Martinsturm mit Unterkirche

Militärmuseum im Martinsturm
Martinsgasse 3, A-6900 Bregenz
Öffnungszeiten: 1. Mai bis 15. Oktober, Dienstag bis Sonntag, 9–18.30 Uhr, während der Festspielzeit auch montags
T: +43/(0)5574/46632
I: www.mim-bregenz.at bzw. www.members.aon.at/martinsturm

te Christi, einzelne Heilige, wie Christophorus, Dorothea mit Blumenkorb und Antonius mit Glocke. Originell ist die Darstellung eines Bodenseeschiffes, in welchem die heilige Ursula sitzt. Der Stifter Graf Wilhelm von Montfort ließ sich als knienden Ritter darstellen. 1599 bis 1602 erhielt der Turm seine heutige Form. Das mächtige Schindeldach und die freundlichen Arkadenfenster mit der Wanduhr weisen schon ins lichte Barockzeitalter.

Auf dem Bergvorsprung, der die Oberstadt trägt, erbauten die Udalrichinger im 11. Jahrhundert ihren ersten Burgsitz. Sie waren Grafen fränkisch-alemannischer Herkunft und beherrschten den Argengau und den Rheingau. Eine eigene Linie, die sich nach Bregenz nannte, ist seit 1043 bekannt. Nach Ausbruch des Investiturstreites hielten sie dem Papst die Treue, während der benachbarte St. Galler Bischof kaiserlich gesinnt war. Anno 1079 kam es zum Kampf, in dem Bregenz zerstört wurde. Auf die Udalrichinger folgten in einem höchst verwickelten Erbgang die Grafen von **Montfort**. Graf Hugo von Bregenz war der Erste, der sich im Jahre 1206 auch „von Montfort" nannte.

Montfort (*Mons fortis*) bedeutet „starke Burg". (Eine andere Erklärung nennt *„Munt Furt"* in der Bedeutung „Schutz über eine Furt", einen Flussübergang.) Wo und wie diese Bezeichnung für die Bregenzer Grafen entstanden ist, beschäftigt auch heute noch die Historiker. War wirklich die kleine, heute Alt-Montfort genannte Ruine zwischen Weiler und Fraxern, namengebend? Ein berühmter Vertreter der Adelssippe war der Minnesänger Hugo von Montfort (1357–1423). Das Vorarlberger Landeswappen geht auf die Montforter zurück. Eine Bemerkung nebenbei: Eine der stärksten Kreuzfahrerburgen in Syrien trug ebenso den Namen Montfort.

Auf Graf Hugo von Montfort und seine unmittelbaren Nachfolger geht die planmäßige Anlage der Burgsiedlung bzw. Stadt Bregenz zurück. Wir erkennen das fast rechteckige Mauergeviert und die drei parallel angelegten Hauptachsen mühelos, wenn wir durch die Oberstadt spazieren. An manchen Stellen ist sogar noch der hölzerne Wehrgang erhalten. 1408 scheiterten die sieggewohnten Appenzeller an diesen Mauern.

Eine Magd namens Guta soll in einer kalten Winternacht 1408, als sie in einer Taverne zu Rankweil in der Gaststube schlief, den Plan einiger Verschwörer gehört haben, in Bregenz den Appenzellern die Stadttore zu öffnen. Als die Männer sie entdeckten, musste sie schwören, keinem Menschen etwas davon zu berichten. Darauf eilte sie nach Bregenz, drang in die Ratsversammlung vor und erzählte alles dem dortigen Kachelofen. Die Bregenzer riefen daraufhin 8000 Mann des Schwäbischen Bundes zu Hilfe, die den Appenzellern erfolgreich entgegentraten. Seit dieser wundersamen Errettung lautete der Ruf des Bregenzer Nachtwächters *„Ehret Guta"*. Auch der Ehre-Guta-Brunnen auf dem gleichnamigen Platz in der Oberstadt erinnert an diese Bregenzer Sage.

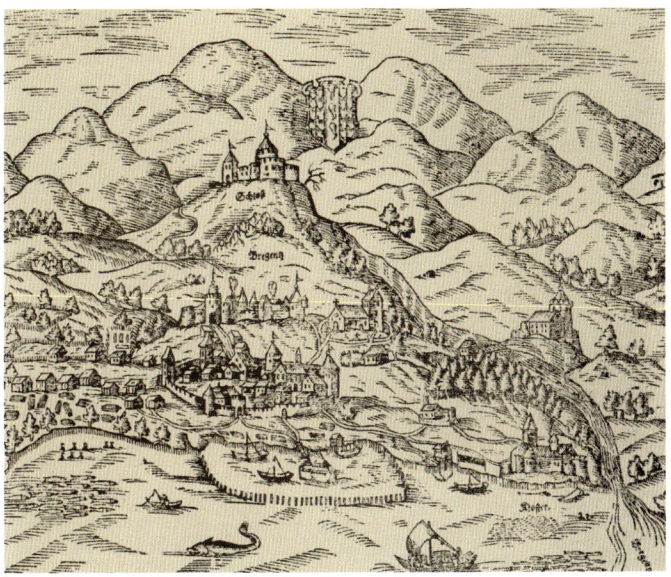

Bregenz vom See aus (Embser Chronik, 1616)

Zu dieser Zeit hatten sich die Montforter schon in heillose Erbteilungen und Verpfändungen verstrickt. Ihr Heil suchten sie in der engen Anlehnung an die mächtigen Habsburger, mit denen sie bereits 1337 einen „ewigen Bund" geschlossen hatten. Das Haus Österreich brauchte nur abzuwarten, bis ihm Bregenz und seine Herrschaft in die Hände fiel. 1451 und endgültig 1523 war es so weit. In der Folgezeit verlagerte sich der betriebsame Stadtmit-

Das Deuring-Schlössle in der Oberstadt

telpunkt immer mehr zum Hafen hinunter. Die verlassene Oberstadt wurde ein „versteinertes" spätmittelalterliches Idyll aus Fachwerkhäusern und weinumrankten Mauern – und heutzutage ein Kleinod, das wir gar nicht genug schätzen können. Die moderne Zeit wütete zwar auch hier – aber nur am Rande. 1857 riss man das Obere Tor zum Pfänder hin ab und demolierte gleich die alte Stadtburg mit. An seiner Stelle entstand eine k.u.k. Fronveste, die noch bis 1957 als Bezirksgefängnis diente. Heute finden hier Kunstausstellungen statt.

Spazieren wir von dort wieder zurück zum Ehre-Guta-Platz und verlassen wir die Oberstadt über die verwinkelte Meissnerstiege quer durch Gärtchen hinunter zur Thalbachgasse. Wir passieren dann nämlich das reizvolle **Deuring-Schlössle**. Um 1660 erwarb die Bregenzer Bürgerfamilie Deuring den alten Rundturm an der Westkante der Oberstadt und erbaute sich dort hoch über dem Thalbach einen hübschen Patriziersitz. Die achteckige Kupferzwiebel auf dem Türmchen bildet seitdem ein harmonisches Gegengewicht zum klobigen Martinsturm. Seit 1989 beherbergt das malerische, von wildem Wein umrankte Schlösschen ein exquisites Restaurant und ein Hotel in unverfälschtem historischen Ambiente.

Gourmethotel Deuring-Schlössle,
Ehre-Guta-Platz 4, A-6900 Bregenz
T: +43/(0)5574/47800
I: www.deuring-schloessle.at

Die Festung auf dem Gebhardsberg

Gnadenlos gesprengt

Weithin sichtbar baut sich der **Gebhardsberg** über Bregenz auf. Hinter ihm steigt der Pfänderrücken nochmals fast 500 Meter auf 1064 Höhenmeter empor. Der Name „Gebhardsberg" ist relativ jung und wurde eigentlich erst im 19. Jahrhundert gebräuchlich. Damals setzte die Wallfahrt und das Fest des Bodensee-Heiligen Gebhard jährlich am 27. August ein. Ob der spätere Bischof von Konstanz, ein Spross der Udalrichinger, wirklich hier anno 949 zur Welt kam, ist allerdings höchst zweifelhaft. Zwar ermöglicht der mächtige Nagelfluhfelsen mit 590 Höhenmetern einen umfassenden Blick über den Rheingau, den Oberen See und auf das Säntismassiv und an manchen Tagen gar bis Konstanz, doch ist eine Burg hier nicht vor dem späten 11. Jahrhundert bezeugt.

Erst als Bregenz (die heutige Oberstadt) im Investiturstreit 1079 erobert wurde, fiel den Grafen jener Felsklotz ins Auge. Seine Höhenlage und Unzugänglichkeit bot einerseits Schutz, erschwerte aber andererseits Versorgung und Zugang erheblich. Der majestätische Sitz auf schroffem Gipfel war demnach immer verbunden mit einer ausgesprochenen Abseitslage. Unter der habsburgischen Herrschaft bürgerte sich der Name Hohenbregenz ein. Gegen Ende des 16. Jahrhunderts verlagerte man das Haupttor auf die Westseite und umgab die alten Mauern mit neuzeitlichen Rondellen. 1608 erfolgte eine letzte Befestigung mit Schanzen und Geschützstellungen.

So wenig aufregend die Burggeschichte insgesamt war, so spektakulär war das Ende von Hohenbregenz: Die Schweden spreng-

Die ehemalige Burg Hohenbregenz und die Wallfahrtskirche thronen auf dem Gebhardsberg.

Ansicht von Bregenz (Matthäus Merian, 1643)

ten die verlassene Burg im März 1647 mit fünf Pulverkisten in die Luft. Übrig blieb ein Ruinengelände, in das Einsiedler zogen und wo Ende des 18. Jahrhunderts auf den Trümmern des Wohn- und Vogteigebäudes die Wallfahrtskirche erbaut wurde. Ein gotischer Erker, der an der Apsis der Kirche über lotrechtem Nagelfluh-Gefels hängt, zeugt noch vom alten Palas. Die Umfassungsmauern der Burg erstrecken sich trapezförmig auf dem nach allen Seiten abfallenden Felsenrücken. Vom Bergfried, dem ehedem höchsten Turm an der flacheren Angriffsseite gegen Osten, ist noch ein Stockwerk erhalten. In seinem Untergeschoss gähnt eine 35 Meter tief in den Felsen geschlagene Zisterne.

Man kann den Gebhardsberg von Bregenz aus über die gewundene Fluher Straße erreichen und auf einem geräumigen Parkplatz unterhalb der Wallfahrtskirche parken. Ein renommiertes Restaurant erwartet uns in der Burg, aufgestockt auf den doppeltürmigen spätmittelalterlichen Torbau.

Burg Bregenz (aus der Schwedenchronik des Franz Ransberg, 1652)

Von den Turmterrassen genießt man das gesamte Panorama der Bregenzer Bucht und an vielen Tagen einen atemberaubenden Sonnenuntergang über dem See.
Burg-Restaurant Gebhardsberg, A-6900 Bregenz
T: +43/(0)5574/42515
Empfehlenswert ist aber der Fußweg auf den Gebhardsberg. Beim St. Gallusstift, welches die Vorarlberger Landesbibliothek beherbergt, können wir parken und einen leichten Serpentinenweg durch Mischwald nach oben einschlagen. Ein kleiner Geheimtipp ist der Burgsteig von Kronhalde aus. Er führt direkt unterhalb des markant sich übers Land hin ausbuchtenden Felsbauchs hindurch und passiert eine von Wasser durchgischte Höhle, in deren Innerem ein versteinerter Baum herausragt. Liegt hier das „güldene Kegelspiel" verborgen?

Die Emser Residenzen

Burgen und Palast

Geschickter in der Landespolitik als die Montforter agierten die Ritter zu Ems. Sie waren staufische Ministerialen und beaufsichtigten im Auftrag des Reichs die ausgedehnten Forste im Ländle. Die Reichsburg **Hohenems** auf dem Felsenberg, 300 Meter über der Rheintalebene, entstand gegen Ende des 12. Jahrhunderts. Ihr Anfang ist allerdings wenig ritterlich. Kaiser Heinrich VI. ließ hier den jungen Prinzen Wilhelm, den letzten Spross der von den Staufern in Sizilien besiegten Normannendynastie, einkerkern und 1195 ermorden. Ob der mittelhochdeutsche Dichter Rudolf von Ems hier oben weilte, ist unsicher. Um 1250 verfasste er seine in 33.000 Versen gereimte „Weltchronik", die eines der meistgelesenen Werke der damaligen Zeit war. Sie enthält eine der ersten Nennungen des Namens „Bodensee".

Bedingt durch die topografische Lage auf dem schmalen Felsengrat ist Hohenems eine außergewöhnlich lang gestreckte Burg. Ihre Gesamtanlage mit den Außenwerken maß etwa 600 Meter, aber nur 50 bis 60 Meter in der Breite. Von der Kernburg mit dem Turmstumpf des Bergfrieds erschließt sich ein weiter Blick über das dunstige Rheintal auf die Schweizer Berge mit dem Säntis-Massiv und über den spiegelnden Bodensee hinüber nach Oberschwaben. Früher war das Rheintal zu Füßen des Burgfelsens versumpft und von Altwässern durchzogen und unzugänglich. Der Weg durchs Vorarlberger Unterland zwängte sich eng an den Burgberg und konnte von hier aus kontrolliert werden.

Dem heutigen Besucher bietet sich eine etwas verwirrende Abfolge von Torbögen, Mauerresten, Turm- und Hausruinen. Die hoch aufragenden Palasmauern und der sagenumwobene Konradsbrunnen im inneren Burghof bieten gewisse Orientierungspunkte. Den Namen soll der Brunnen vom heiligen Konrad von Konstanz erhalten haben, der hier als Knäblein die schuftenden Leibeigenen mit Wasser versorgt habe. Eine hübsche Legende – aber im 10. Jahrhundert, zur Zeit Konrads, bestand hier sicher noch keine Burg! Die Frage, wie Wasser in den Schacht gelangte – immerhin befindet er sich fast an der höchsten Stelle des Burgfelsens –, harrt noch der Lösung. Die „Embser Chronik" von 1616

Alt-Ems, Ruine des Palas

vermeldet dazu gar Wunderliches: Gebraucht man nämlich „*solches Wasser zu Wäschen oder Sudelarbeit*", so „*erseicht*" der Brunnen und bleibt 14 Tage aus.

Anno 1407 belagerten die aufständischen Appenzeller Hohenems. Erst der Einsatz einer „Donnerbüchse", einer Kanone, ermöglichte ihnen nach zwei Monaten die Eroberung. Wie vielen anderen „Zwingburgen" wurde ihr der „rote Hahn" aufgesetzt, d. h. sie wurde „ausgebrannt". Für die Herren von Ems bedeutete dies nur einen kleinen Rückschlag. 1560 avancierten sie zu Reichsgrafen. Jakob Hannibal war in ganz Europa unterwegs und heiratete in das päpstliche Haus der Borromei ein. Sein Bruder Mark Sittich bestieg 1612 den Salzburger fürstbischöflichen Thron.

Die Standeserhöhung erforderte selbstverständlich einen neuen fürstlichen Wohnsitz. In der Ortschaft im Talgrund entstand so der prunkvolle **Palast** im Renaissancestil. Als versierter Kriegsmann ließ Jakob Hannibal auch noch die hoch gelegene Burg (nun Alt-Ems genannt, *alta* = hoch) mit neuzeitlichen Geschützbasteien versehen. Doch ihre Tage waren mit dem Bezug des komfortablen Palastes gezählt. Von da ab herrschte nur noch Verfall, bis zu der überwachsenen Trümmerlandschaft, die wir heute noch vorfinden. Zum Glück verfügt Vorarlberg über einen sehr rührigen Burgenausschuss des Landesmuseumsvereins. Dieser nimmt sich mit vorbildlicher Sorgfalt der Burgen und Rui-

> Wanderfreudige mögen den steilen Fußpfad einschlagen, der von der Pfarrkirche direkt in sieben Kehren zur Burg hinaufführt. 40 Minuten sollte man schon rechnen. Bequemer – und auch dem ursprünglichen Zugang entsprechend – ist der Weg von hinten her über die Straße Richtung Emser Reute. Bei der ersten Biegung führt ein Brücklein über den Bach. Dort sind ein paar Stellplätze fürs Auto. In gut 20 Minuten führt uns von dort der Burgweg zu Fuß hinauf.

Palast Hohenems (Radierung von J. C. Mayr, um 1790)

nen des „Ländles" an. Im Oktober 2005 konnte die Sanierung der Burgruine Alt-Ems erfolgreich abgeschlossen werden.

Der **Palast** entstand in den Jahren 1562 bis 1567. Sein Haupttrakt mit Renaissance-Portal und zwei Seitentürmen erinnert an italienische Vorbilder und damit an die engen Verbindungen der Emser Reichsgrafen mit Rom.

Im Arkadeninnenhof des Palastes finden heute allerlei Events statt, wie „Erlebnisgastronomie mit Ritteressen" und „magische Nächte" (www.palast.at). Auch zur Hohenemser Schubertiade im Juni und anderen Kulturveranstaltungen lassen die heutigen Besitzer, die Grafen von Waldburg-Zeil, den Arkadenhof und den mit Kassetten gedeckten Rittersaal für das Publikum öffnen.

Der Renaissance-Palast Hohenems duckt sich unter den Schlossfelsen.

Reichsgraf Kaspar umgab den Palast 1603 bis 1610 mit regelmäßigen Parkanlagen, Tiergehegen und Lusthäuschen. Davon zeugen heute nur noch historische Abbildungen. Ein Manko hat der Palast übrigens: Er steht buchstäblich im Schatten des Burgberges, Sonne ist rar, da nützt auch seine italienische Fassade nichts.

Vor dem Schloss erinnert der Nibelungenbrunnen an ein denkwürdiges Ereignis: 1755 entdeckte der geschichtsinteressierte Lindauer „Chirurgus und Geburtshelffer" Jacob Oberreit beim Durchstöbern der Palastbibliothek eine mittelalterliche Handschrift. Es war die älteste von drei bis jetzt bekannten Handschriften des Nibelungenlieds, entstanden um 1220 („Handschrift C")! Stammt sie etwa aus dem Besitz des Minnesängers Rudolf von Ems? Seit 2001 gehört sie zu den Schätzen der badischen Landesbibliothek in Karlsruhe.
1779 fand Oberreit im Hohenemser Palast eine weitere Nibelungen-Handschrift. Sie befindet sich heute als „Handschrift A" in der Bayerischen Staatsbibliothek in München.

Wenn wir uns von Dornbirn dem Städtchen Hohenems nähern, fällt links oben auf dem Bergrücken die Burg Neu-Ems ins Auge. „**Schloss Glopper**" wird sie von den Einheimischen genannt, wobei Glopper Felsklotz bedeutet, was die Lage und das Aussehen der kompakten Burganlage gut beschreibt. Im Kampf um die Kaiserkrone, der zu Beginn des 14. Jahrhunderts zwischen dem Wittelsbacher Ludwig dem Bayern und dem Habsburger Friedrich dem Schönen entbrannte, setzten die Emser auf die richtige Karte, nämlich Wittelsbach. Kaiser Ludwig revanchierte sich dann

auch 1333 mit der Verleihung der Stadtrechte an den Burgflecken Hohenems und der Erlaubnis, eine neue Burg Ems zu errichten.
Schon im nächsten Jahr begann Ulrich von Ems mit dem Bau. Heute mag die Burg noch abgehobener und noch abgeschiedener wirken als die in Sichtweite stehende Burg Hohenems. Doch vor der Rheinregulierung war die Talstraße durchs Ried häufig unpassierbar, der Karrenweg führte dann am Rücken

Burg Neu-Ems, genannt Glopper

der Burg Hohenems und am Glopper vorbei hinunter nach Dornbirn.

Im Appenzellerkrieg von 1407 teilte Neu-Ems das Schicksal von Hohenems und wurde nach zweimonatiger Belagerung „gäntzlich zerprochen". 1430 ging man an den Wiederaufbau. Das einheitliche gotische Burgensemble hat sich bis heute erhalten. Interessant ist der achteckige Wohnturm. Im 17. Jahrhundert lagerte die

Die Burg Neu-Ems ist im Besitz der Grafen von Waldburg-Zeil und im Inneren nicht ohne Voranmeldung zu besichtigen. Wenn man Glück hat, trifft man auf Kurzmieter (Schachvereine, Pfadfinder, Musiker), die einem einen kurzen Einblick gewähren. Aber auch ein Blick von außen über den Burghof ist lohnend. Von Ems-Reute (dort parken) spaziert man in 20 Minuten, vorbei an einem Steinbockrevier, zum Burgtor. Etwas länger dauert der Anstieg von der Burgruine Hohenems über das liebliche Buggenauer Tal mit Kapelle.

Grafschaft hier ihre Waffen ein: 477 Musketen, 100 Hakenbüchsen, 43 Pistolen, 41 kleine Geschütze und nicht zu vergessen zwei Henkerschwerter! Ins Innere des Grafenbaus gelangt man nur über eine Holzstiege entlang der Außenwand, die zu einem Portal in fünf Metern Höhe führt. Eindrucksvoll prangt das Löwenwappen der Waldburg-Zeil auf einem rundbogigen Fensterladen.

Noch eine Merkwürdigkeit bietet Hohenems: Eine starke Schwefelquelle, die bereits 1430 als Bad gefasst wurde und allen Schichten der Bevölkerung offen stand. Man sprach ihr allerlei wundersame Eigenschaften zu, darunter, dass „auch erkaltete und verdrossne Weiber wiederumb lustig und gayl werden". Bis 1965 war das Schwefelbad in Betrieb. Der Brunnen an der Straße nach Götzis (Römerstraße 4) plätschert noch.

Neu–Montfort und die Neuburg

Grafen und Grobiane

Das „Ländle" bietet eine Fülle von Burgen. Die Hänge zum Rheintal boten ja auch genügend Plätze. Fahren wir von Hohenems weiter, überschreiten wir kurz vor Götzis bei Koblach die Grenze vom Vorarlberger Unterland zum Oberland. Über Götzis ragt einem hohlen Zahn gleich der wuchtige Turm der Burg **Neu-Montfort** empor.

Er überstand den Appenzeller Burgenbruch von 1408 einigermaßen heil. Nach dem 17. Jahrhundert bestand kein Bedarf mehr an dem Gebäude und so zerfiel es. Erbaut wurde Neu-

Die gräfliche Familie Montfort (aus der Lirer-Chronik, 1486)

Montfort um 1300 als Gegenburg zur Neuburg, die wir deutlich auf einem Inselberg inmitten des Rheintals vor uns erkennen. Zweck der neuen Montforter Burg war es, den Handelsverkehr von der Neuburg weg ins eigene Montforter Gebiet zu ziehen.

Um zur Burg Neu-Montfort hinaufzuwandern, zweigen wir auf die Straße nach Klaus ab und parken bei der Kapelle in der Arbogaster Klause. Durch dichten Wald geht es eine Viertelstunde nicht sehr steil aufwärts, dann stehen wir vor dem imposanten ehemaligen Wohnturm.

Neu-Montfort ist übrigens ein Beispiel wenig geglückter Burgensanierung: Anfang der 1960er Jahre spritzte man das ganze Gemäuer im so genannten „Torkret-Verfahren" mit Beton zu, mit dem Ergebnis, dass die natürliche Feuchtigkeit nicht mehr entweichen konnte und dem Originalmauerwerk mehr zusetzte als die fünf Jahrhunderte vorher. Erst in jüngster Zeit hat man diesen Fehler behoben.

Zur **Neuburg** am Ortsausgang von Götzis in Richtung Feldkirch ist es nicht weit. Wir erreichen sie über eine Brücke, welche die Autobahn überspannt. Das ausgedehnte Ruinenfeld auf der Kup-

Die Neuburg bei Koblach (nach Pater Anicet Riedinger, 1788)

pe erschließt sich nicht auf den ersten Blick. Viele Jahrhunderte haben hier neben- und übereinander gebaut. Entstanden ist die Neuburg als Reichsburg Mitte des 12. Jahrhunderts. Die Staufer setzten hier Ministeriale ein, die in ständige Ränke und Händel mit den Montfortern gerieten, die ihnen, wie erwähnt, ihre Burg Neu-Montfort vor die Nase setzten.

Erst 1363 hatten die Querelen ein Ende, als die mächtigen Habsburger Burg und Herrschaft Neuburg erwarben. Es war das erste österreichische Territorium im Rheintal und bildet somit die Keimzelle des österreichischen Bundeslandes Vorarlberg. Die Habsburger hielten die Burg gut in Schuss und verwandelten sie im 16. und 17. Jahrhundert zu einer Festung mit Garnison. Erst unter Maria Theresia wurde sie aufgelassen und 1767 als Steinbruch versteigert.

Der Sage nach haben die Ritter der Neuburg von den Bauernjungfern das *„Ius primae noctis"* (das Recht der ersten Nacht) eingefordert und jede Braut am Abend vor der Hochzeit ins Schloss befohlen. Dann seien jedoch die Landleute aufgestanden und hätten die Burg gestürmt. Die Herren konnten ihnen entfliehen, weil sie ihren Rossen die Hufeisen verkehrt herum aufgenagelt hätten. An das im Schloss vergrabene Raubgold komme aber keiner heran, weil es von allerlei wüstem Getier bewacht werde.

Schöne Spaziergänge führen durch die Neuburger Ruinenlandschaft, wäre da nicht die Autobahn, deren Lärm auch das hartnäckigste Burggespenst – und damit den eigentümlichen Reiz jeder Burgruine – vertrieben hat.

Schattenburg und Schloss Amberg

Verhasster Burgherr und Kaisers Geliebte

Die **Schattenburg** über Feldkirch zählt zu den eindrucksvollsten Burganlagen des Bodenseeraumes. In ihrer schieren Wucht repräsentiert sie die spätgotische Wehrarchitektur wie nur wenige Burgen im deutschen Sprachraum. Als wäre die Zeit um 1500 stehen geblieben! Majestätisch – oder drohend, je nach Interessenslage – thront bzw. hockt sie auf einem Felsenriegel über der Stadt. Der Name soll mit „Schutz" oder „schützen" zusammenhängen. Von 1188 bis 1390 residierten die ursprünglich in Bregenz beheimateten Grafen von Montfort in Feldkirch. Sie teilten sich in mehrere Linien, die öfters um Burg und Stadt rangen. Der letzte Montfort-Feldkircher verkaufte seine Herrschaft dem Hause Habsburg, die 1390 einen ersten Verwalter einsetzten.

Feldkirch wird heute nicht mehr von beutegierigen Burgvögten heimgesucht, sondern vom Verkehr. Auch ein Tunnel, der zur Entlastung durch den Schattenburg-Felsen geschlagen wurde, hat daran wenig geändert. Die steile Burggasse führt an der imposanten Geschützbastei vorbei zum Eingang. Gut zu wissen, dass uns hier ein origineller „altteutscher" Burggasthof empfängt. Bei Sonnenschein sitzt man im stimmungsvollen Burghof um den Springbrunnen herum, ansonsten in dunkel gebeizten Gewölben mit Butzenscheiben.
Schlosswirtschaft Schattenburg, Burggasse 1, A-6800 Feldkirch, T: +43/(0)5522/72444
Das Heimatmuseum im Hauptturm zeigt eine in Fachkreisen weit bekannte Sammlung spätmittelalterlicher und frühneuzeitlicher Waffen. Kunsthistorisch bedeutsam sind die gotischen Fresken in der Burgkapelle.
Heimatmuseum in der Schattenburg, Burggasse 1, A-6800 Feldkirch
Öffnungszeiten: Jänner bis März wochentags 13.30–16 Uhr, Samstag und Sonntag 11–16 Uhr; April bis Oktober 9–12 Uhr und 13.30–18 Uhr, Samstag und Sonntag 9–18 Uhr
T: +43/(0)5522/71982, I: www.schattenburg.at

Der 21 Meter hohe vierschrötige Turm bildet mit seinen massiven Zinnen den hochmittelalterlichen Kern der Schattenburg. Er stellt ein Turmhaus von 16 mal 12 Metern mit einer Mauerstärke von dreieinhalb Metern im Erdgeschoss dar. Die Ringmauer erreicht gar eine Stärke von vier Metern. An sie wurde der Palas angebaut. In den stadtseitigen Fensternischen stehen heute Sitzbänke und Tische. Sie verleiten zu einem „gemütlichen Hock" mit Blick auf die Stadt. Um den Turm herum gruppieren sich spätere Wohn- und Verwaltungstrakte.

Die Schattenburg thront über der spätmittelalterlichen Altstadt von Feldkirch (rechts der Katzenturm).

1406 kam die Feuertaufe, als die Appenzeller Heerhaufen die Burg im Verein mit den Feldkircher Bürgern belagerten. Grund war das verhasste Regime des groben habsburgischen Burgherrn, eines Grafen von Toggenburg. Nach 18 Monaten ergab sich der Burghüter mit seinen 38 Mannen. 1416 rückten gleich mehrere Feinde an, darunter Züricher und Konstanzer. Mit einer Blide – einem *„Werffzeug, der warff ein Stein zehen Zentner schwer"* – setzten sie der Burg immens zu. 15 Tage hielt die Burgbesatzung dem Beschuss mit Steinbrocken, Mistkübeln und brennenden Pechkränzen stand. Dann kapitulierte sie auf freien Abzug.

1427 erschütterte eine Pulverexplosion den Turm. Während der Toggenburgischen Herrschaft erfuhr die Burg eine umfassende bauliche Umgestaltung innen wie außen. Seit 1436 saßen wieder habsburgische Verwalter auf der Burg. Gegen 1500 erhielt sie ihr heutiges Aussehen.

Die Schweden ließen sich 1647 nur durch Zahlung einer großen Brandschatzungssumme von der Zerstörung abhalten. Nachdem die habsburgische Verwaltung 1773 in die Stadt verlegt wurde, stand die Burg lange Zeit leer. Als die bayerische Besatzungsmacht die Burg 1812 auf Abbruch verschachern lassen wollte, fand sich zum Glück kein Käufer. 1965 erfolgte die letzte und schwerste Prüfung für die Burg. Ein Großfeuer konnte nur mit dem Einsatz aller Feuerwehren des Landes niedergekämpft werden.

Von der Burg aus gerät immer wieder der runde „**Katzenturm**" in der Feldkircher Altstadt ins Blickfeld. Er stammt aus den Jahren um 1500. Sein oberstes Stockwerk mit Glockengestühl wurde erst in der Barockzeit aufgesetzt. Sein Name bezieht sich nicht auf unsere Stubentiger, sondern auf steinerne Geschützkugeln in Katzenkopfgröße (vgl. Katzenkopfpflaster), die hier zur Stadtverteidigung eingelagert wurden.

Wenn wir die Burggasse von der Schattenburg noch weiterfahren, erreichen wir ein besonderes Kleinod: den hoch gelegenen **Ansitz Amberg**, ein schönes Beispiel eines spätgotischen Landschlösschens. Von 1510 bis 1535 logierte hier Ihre Lieblichkeit Anna von Helfenstein, die Geliebte Kaiser Maximilians I. Das dürfte die auffallend häufigen Aufenthalte des „Letzten Ritters" in Feldkirch rundum erklären! Ihrer beider Sohn Friedrich Max bewohnte das Schlösschen noch bis 1553.

Schloss Amberg ist heute ein attraktives Ausflugsziel (Pension, Café). Der Blick auf den Ardetzenberg und die sich dahinter auftürmenden Schweizer Berge wirkt berauschend, auch ohne den hier gereichten trefflichen Wein. Außer der Fahrstraße führen mehrere Wander- und Bikerwege von Rankweil und von Levis herauf.

Nicht nur seine Eigenschaft als kaiserlich-habsburgische Liebeslaube macht Amberg so anziehend, sondern auch seine historische Bedeutung. Der 1502 erbaute Edelsitz erhebt sich nämlich innerhalb einer weitaus älteren Befestigung, deren Wälle und Konturen noch im Gelände erkennbar sind. Auch der Flurname „Alte Burg" weist auf eine ehemalige „abgegangene" Burg hin. Manche Historiker vermuten hier den Stammsitz der Herren von Montfort.

Die Vorarlberger Schriftstellerin Paula Ludwig verlebte im Schloss Amberg kurz vor 1900 ihre Kindheit. Ihr Vater betrieb im Schloss eine Tischlerei. In ihren Erinnerungen schrieb sie: *„Drei Meter dick waren die Mauern des Turmes. Man erzählt, Kaiser Maximilian habe es seiner Geliebten erbaut. Ein unterirdischer Gang führte vom Schloss in die Kapelle hinab, und darin sei das Fräulein auf einem weißen Schimmel in die Messe geritten. Jetzt war dieser Gang ganz verschüttet, aber mein Vater entdeckte den Eingang zur Höhle und benutzte sie als Kaninchenstall."*

Die Mittelweiherburg zu Hard

Ein Schlösschen voll alemannischer Betriebsamkeit

Kehren wir zurück ins Unterland. Direkt am See liegt **Hard**, von Bregenz durch die Bregenzerache getrennt. Am 20. Februar 1499 hub hier ein gar gewaltiges Stechen und Hauen an. Die Schweizer Eidgenossen besiegten (wieder einmal) ihre Habsburger Widersacher und zogen darauf hin plündernd durchs Rheintal nach Frastanz im Walgau, wo sie den Österreichern gleich die nächste eiserne Lektion vermittelst Hellebarden, Piken, Stoßlanzen und Langschwertern erteilten. Kein Wunder, dass Kaiser Maximilian im Frieden von Basel den derart dreinschlagenden Schweizern mehr oder weniger die staatliche Eigenständigkeit zugestehen musste!

Hard, das kleine Fischerdörfchen mit Holzmarkt, war schnell wieder aufgebaut. Um 1550 ritt ein Herr namens Johann Christoph Schnabel von Schönstein, seines Zeichens „*Doctor der Rechte*", über die Ache und suchte sich ein Plätzchen für sein zukünftiges Landschlössle. Er fand es im flachen Quellgebiet des Dorfbachs, inmitten von Weihern und Tümpeln. Ein Chronist nannte es 1616 *„Ein new gepaut Lusthäusslein, darbey schöne klare Brunnen herfür quellen, Mittelweiherburg genannt."* Es war also ein Wasserschloss, oder eher Weiherhaus, das hier entstand. Im Stil der Zeit glich es in der äußeren Form durchaus einer Burg mit Mauern und Zugbrücke. Aber das waren nur architektonische „Ritterzitate", um den noblen Stand des Herrn Doctor zu demonstrieren. Die nächsten Besitzer waren die Bregenzer Bürger Deuring, von denen noch heute ein Wappen über dem Eingang kündet.

Warum wir die geschichtlich und künstlerisch wenig hervorstechende **Mittelweiherburg** anführen? Weil sie für das gewerbefleißige Ländle Vorarlberg enorme wirtschaftsgeschichtliche Bedeutung besitzt! 1792 richtete man in ihren Räumen die erste Cotton-Druckerei ein und legte damit den Grundstein für die vom 19. Jahrhundert bis in unsere Zeiten florierende Harder Textilindustrie. Nach Bränden 1818 und 1827 wurden die Gebäude bis auf den noch stehenden Kapellen-

Textildruck-Museum Mittelweiherburg, Salbachstraße, A-6971 Hard
Öffnungszeiten: April bis Oktober, Mittwoch und Samstag 17–19 Uhr; Sonntag und Feiertag 10–12 Uhr.
T: +43/(0)5574/69720
Das Schlösschen ist auch per Fahrrad auf kleinen Straßen vom Ortskern Hard und von Lauterach aus zu erreichen.

stock mit dem runden Treppentürmchen abgetragen. Der Bauschutt diente zur Auffüllung des Wasserrings. Bis 1880 wurde im verbliebenen Gebäude eine Textildruckerei und -färberei, Bleiche und Formstecherei betrieben. Seit 1962 beherbergt die Mittelweiherburg das Harder Heimatmuseum. 1997 richtete die Gemeinde in der sorgfältig sanierten Mittelweiherburg ein höchst anschauliches und modern konzipiertes „Textildruck-Museum" ein. Nicht nur die Technik wird erklärt, sondern auch die Sozialgeschichte der Industrialisierung.

Mittelweiherburg in Hard, der Kapellenstock mit Treppenturm

Die Ruggburg über Hörbranz

Raubritter Rechbergs Rückzug

Ruggburg über Hörbranz (nach Pater Anicet Riedinger, 1788)

Wenn wir von Bregenz an der Bregenzer Klause vorbei Richtung Lindau/Hörbranz fahren, erkennen wir über Backenreute ein graues Gemäuer: die **Ruggburg**. Sie ist eine jener Burgen, von denen man bis auf ihre Zerstörung eigentlich nichts weiß. Im Fall der Ruggburg war das Ende mit einem spektakulären Knall verbunden. Der letzte Besitzer, Hans von Rechberg, trug die Bezeichnung Raubritter, mit der oft auch Unschuldige bedacht wurden, zu Recht. Der Haudegen hätte es eigentlich gar nicht nötig gehabt, sich an Kaufleuten oder vermögenden Bürgern zu vergreifen, war er doch ein gefragter Söldnerführer. Als solcher wurde er einmal von den Walsern, den freien Bergbauern im Walsertal, gefangen und misshandelt. Nur Herzog Sigismund von Tirol bewahrte ihn

Raubritter Hans von Rechberg

vor Schlimmerem. Rechberg verbündete sich mit den Hegaurittern und soll sogar mit schnellen Ruderbooten Jagd auf die schweren Lastensegler im Untersee gemacht haben. 1441 raubte er zusammen mit dem Herrn der Schrotzburg, Werner von Schienen, einen Ulmer Kaufmannszug aus, was das Beutefass allerdings zum Überlaufen brachte.

Der Schwäbische Städtebund sammelte 1000 Kriegsknechte, schwere Geschütze und drang zuerst in den Hegau ein, wo mehrere Burgen dem Erdboden gleichgemacht wurden. Der Rechberger trieb sich derweil um Basel herum, wo er sich seinen zahlreichen Feinden immer wieder durch Flucht zu entziehen vermochte.

Durch das Erbteil seiner Frau war er erst 1450 in den Besitz der Ruggburg gekommen und benutzte sie sofort als Stützpunkt für Streifzüge gegen Lindau und die oberschwäbischen Städte. 1452 zogen die Memminger eine beachtliche Streitmacht zusammen. Sie zerstörten zuerst die Stammsitze des Rechbergers im Schwarzwald und schlossen dann die Ruggburg mit 600 Mann ein. 24 Wagen voller Pulver und Munition wurden heraufgeschleppt. 27 Mann zählten die Verteidiger. Ein schwerer Mörser feuerte fünf Wochen lang zentnerweise Steinkugeln gegen die Mauern, die allmählich zerbarsten. Den Rest zündeten die Ruggburger noch selbst an. Doch die Eroberer fanden in dem Trümmerhaufen nur den Priester und eine Magd vor. *„Die liess man ihrer Strassen ziehen ... unnd geschahe niemand nichts"*. Was war geschehen?

Die Memminger und Lindauer Belagerer hatten sich schon über die lange Zeit gewundert, welche die Ruggburg ohne Versorgung von außen standhielt. Die Lösung war ein unterirdischer Gang, durch den Proviant und auch Bewaffnete geschleust wurden. Und durch eben jenen Stollen waren die letzten Verteidiger nach draußen geflüchtet! Die sagenhafte Überlieferung meint, dass auch Hans von Rechberg dabei war, doch nach historischen Zeugnissen weilte er ganz woanders.

Von Backenreute folgt man der Ruggburger Straße, die in den für Kfz gesperrten Ruggsteig mündet. Beim ehemaligen Gasthof Halbenstein erkennt der Burgenkundige im Gelände, dass hier auch einmal eine kleine Burg gestanden hat. Eine knappe halbe Stunde nimmt dann der fußläufige Aufstieg zur Ruine Ruggburg in Anspruch. Ein sanfter Rundweg von eineinhalb Stunden führt um die Burg herum und ermöglicht immer wieder schöne Ausblicke auf die Lindauer Insel. Begegnet man dabei einem freundlichen älteren Herrn, ist dies kein Geist, sondern der Burgbesitzer, der bisweilen selbst die Burgführung übernimmt (Tel.: +43/(0)5573/82168). Warnt er vor Steinschlag, sollte man seinen Rat unbedingt befolgen!

Wildromantisch ist die „Hölle", eine tief eingeschnittene Schlucht mit Wasserfall unterhalb des Burgbergs. Für geübte Biker empfiehlt sich die Weiterfahrt von der Ruggburg über den Forst- und Fahrweg bis zum Pfändergipfel.

Er strengte sofort einen Prozess beim Reichskammergericht gegen die Städte an – und bekam sogar Recht, zum Teil jedenfalls. Als Schadensersatz durfte er eine ansehnliche Summe einstreichen, musste allerdings dafür die Ruggburg – oder was von ihr geblieben war – an den Städtebund verkaufen. Dieser vollendete das Zerstörungswerk und verhinderte jeglichen künftigen Wiederaufbau. 1464 traf den Unhold endlich ein rächender Armbrustbolzen, dem er so lange auszuweichen verstanden hatte.

Im 16. Jahrhundert stürzten beträchtliche Teile der noch stehenden Mauern in die Tiefe. 1820 geriet der Burgberg ins Rutschen und ließ weitere Mauern abstürzen. Bis heute ist der Untergrund in Bewegung. Immer wieder poltern Mauersteine herab, besonders nachts, und nähren die Geschichten über Spuk und Gespenster. Ende des 19. Jahrhunderts traten in einem sich verbreiternden Felsspalt Harnischteile und Hellebardenblätter zu Tage. 1920 soll sogar der Eingang zum unterirdischen Geheimgang freigelegt, dann aber wieder zugeschüttet worden sein. Zersprungene Steinkugeln der Belagerer lagen nach Aussagen der Einheimischen bis in die 60er Jahre des 20. Jahrhunderts herum und brauchten nur eingesammelt werden. Die noch hoch aufragende Wand des Wohnturms macht einen sehr fragilen Eindruck. Die Ruggburg verwandelt sich zunehmend in die Natur zurück.

Das farbenprächtige Renaissanceschloss Hofen (siehe Seite 68)

Schloss Hofen

Ländliche Renaissance

Selbstverständlich dürfen wir Vorarlberg nicht mit einer Raubritterfeste à la Ruggburg im Hinterkopf verlassen. Das hat das Ländle nicht verdient! Also werfen wir noch einen Blick auf das **Renaissance-Schloss Hofen** in Lochau. Ein ländlicher Prunkbau, fürwahr. Zwischen 1585 und 1616 entstanden, leuchtet es heute wieder im ursprünglichen Magenta-Rot. Die Erbauungsgeschichte kann man auf einer Tafel am Eingangsportal nachlesen.

Bemerkenswert erscheinen in erster Linie die Besitzer und Bewohner des Schlosses: unter ihnen Wolf Dietrich von Raitenau, von 1587 bis 1616 Fürstbischof von Salzburg und damit einer der mächtigsten Herren des Römisch-Deutschen Reiches. Der Fürstbischof war eine durchaus moderne Gestalt – nicht nur weil er sich zu seiner „Konkubine" Salome Alt und ihrer beider elf Kinder bekannte, sondern weil er Salzburg zu einem modernen Behördenstaat verwandelte und Kunst, Kultur und Sozialwesen förderte. Wolf Dietrich geriet allerdings wegen banaler Salztransportfragen mit dem bayerischen Herzog (und späteren Kurfürsten) Maximilian in Konflikt und zog den Kürzeren, weswegen er 1612 abdanken musste. Ein Hohenemser, Markus Sitticus, wurde sein Nachfolger auf dem Bischofsthron und ausgerechnet er hielt den Raitenauer auf der Feste Hohensalzburg bis zu seinem Ableben 1617 im Auftrag der Bayern gefangen. Immerhin hatte es Wolf Dietrich noch erreicht, dass Salome und ihre Nachkommenschaft ausreichend entschädigt wurden.

1647 zogen ungebetene Gäste ins Schloss Hofen ein, nämlich der schwedische Generalfeldmarschall Wrangel samt Gefolge, um von hier aus die Eroberung von Bregenz und des Rheintals zu leiten. Aus der Freude heraus, dass ihm dies gelungen war, ließ er das Schlösschen ungeschoren.

Charakteristisch sind die zwei Zwiebeltürmchen am Hauptbau. In der Holzdecke über dem Festsaal werden heute noch ein paar Hör-Löcher gezeigt, durch welche man Gespräche belauschen konnte – quasi eine Standardeinrichtung jener Zeit. Die Geladenen werden es gewusst haben.

Nach langem Besitzerwechsel und dem Versuch als Hotel und Hotelfachschule gelangte Hofen 1972 in Landesbesitz. In seinen Räumlichkeiten ist das Landesbildungszentrum untergebracht (Zentrum für Wissenschaft und Weiterbildung). Das Betreten des Innenhofes ist in der Regel möglich.

BURGEN
UND SCHLÖSSER
AM DEUTSCHEN
BODENSEEUFER

Lindau

Wehrhafte Wasserstadt unter „Weiberherrschafft"

Manchmal versteht man die rational denkenden Römer nicht. Wieso haben sie sich nicht auf der strategisch günstigen Lindauer Insel niedergelassen und dort eine Großstadt gegründet. Ja, war Lindau damals überhaupt eine Insel oder nur eine Art Beule des Festlands? Und was ist mit der grob gefügten Römer- oder Heidenmauer, die wir als Erstes sehen, wenn wir die Brücke vom Festland zur Insel überqueren? Beantworten wir erst diese Frage: Die in ihrer Klobigkeit wirklich beeindruckende **Heidenmauer** (zwölf Meter lang, noch neun Meter hoch) ist sicher hochmittelalterlichen Ursprungs und entstammt der ersten staufischen Stadtmauer um 1200. Sie gehörte zu einem Turm, der den Zugang vom Festland her überwachte. Ähnlich „zyklopisches Quaderwerk" finden wir in den Burgtürmen von Arbon und Mammertshofen.

Für fast ein halbes Jahrtausend war die Inselstadt Freie Reichsstadt gewesen und nur dem fernen Kaiser untertan und sonst niemand. Um diesen Anspruch auch gehörig in Szene zu setzen und zu unter-„mauern", befestigten die Lindauer Bürger ihre Insel, errichteten Wehrtürme und Bastionen und verrammelten ihre Tore vor allen Unruhestiftern, von denen es am Bodensee offenbar mehr als anderswo gab, seien es nun machtgierige St. Galler oder Konstanzer Bischöfe, raubgierige Ritterschaften, aufrührerische Bauernhaufen, streitlustige Eidgenossen oder gar noch die außer Rand und Band geratenen Schweden im Dreißigjährigen Krieg.

Ansicht von Lindau (Matthäus Merian, 1643)

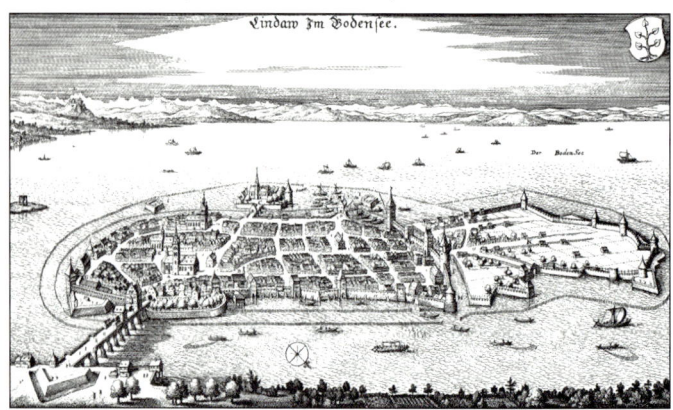

Dabei beginnt die Geschichte auf dem Eiland recht friedvoll als kleines Fischerdörfchen und als beschauliches Nonnenkloster. Weder den Römern noch den frühen schwäbischen Herzögen scheint die wasserumspülte Insel als strategischer Ort besonders aufgefallen zu sein.

Die „**Römerschanze**" links über dem Hafenbecken (zwischen See- und Segelhafen, heute ein schöner kleiner Park) hat ihren „antiken" Namen erst im 19. Jahrhundert erhalten. Ursprünglich war sie eine selbständige kleine Insel mit

Das nostalgische, von Bodenseewellen sanft durchspülte Römerbad unterhalb der „Römerschanze" ist im Sommer noch ein Geheimtipp! Badesaison Juli – September, täglich von 9 bis 20 Uhr geöffnet.

einer Jakobus-Pilger-Kapelle. Ihr älterer Name „Auf der Burg" lässt auf eine Befestigung schließen, die in dem quadratischen Grundriss noch erkennbar ist. Erst 1853 wurde sie durch Aufschüttungen mit der Hauptinsel verbunden.

Und was die Insellage betrifft, so spricht schon der bereits 882 erwähnte Name Lind-Au (Lindeninsel; Au = Insel) für eine Lage im Wasser. Wobei es damals nicht nur eine Insel gab, sondern mehrere Eilande, die erst im Laufe der Zeit zusammenwuchsen.

Das romanische **Kirchlein St. Peter** am Schrannenplatz war das Zentrum der ersten Fischersiedlung, deren Hafen gegen das Festland hin gelegen war (heute Paradiesplatz). Dem wuchtigen Viereckturm der Peterskirche kam sicher auch Wehrfunktion zu. Er könnte schon vor dem Jahr 1000 entstanden sein.

Mit der Ansiedlung der Benediktinerinnen bildete sich um die Marienkirche am Stiftsplatz seit dem 11. Jahrhundert ein neuer urbaner Mittelpunkt heraus. Es ist durchaus möglich, dass beide Siedlungen noch bis ins 12. Jahrhundert durch eine versumpfte Niederung getrennt waren. Unter den Hohenstaufen wurden zunächst nur das Marienstift und die dazugehörende Bürgersiedlung im Ostteil der Insel von einer Stadtmauer umzogen. Neben der schon genannten Heidenmauer hat sich davon noch der **Mangturm** am Hafen erhalten.

Der Name des quadratischen Turms geht entweder auf den schwäbischen Heiligen St. Magnus (Mang) oder auf die Tuchhallen (Mangen = Tuche) zurück, die hier am Hafen standen. Der See-

Der 37 Meter hohe Mangturm kann bestiegen werden und enthält auf vier Stockwerken interessante stadt- und hafengeschichtliche Schauobjekte. In der Regel ist er ab 10 Uhr geöffnet.

hafen für den Handels- und Fährverkehr dürfte an dieser Stelle ebenso um 1200 angelegt worden sein. Im späteren Mittelalter erhielt der Mangturm sein auskragendes Obergeschoss mit dem schön gla-

Der Lindauer Hafen mit dem Mangturm

sierten Ziegeldach, das im 19. Jahrhundert erneuert wurde. Seine damalige Funktion kommt noch in dem Namen „Alter Leuchtturm" zur Geltung. Bis zur Anlage der neuen Hafenanlagen war er nur über einen Holzsteg erreichbar.

Um 1370 dehnte man den Befestigungsring auch über St. Peter aus. Zu dieser Zeit erfreute sich Lindau bereits des privilegierten Status einer Reichsstadt. Ein eindrucksvolles Monument dieser Stadterweiterung ist der exzentrische **Diebsturm**, ein Wahrzeichen der Inselstadt. Der sich wie ein Fass ausbauchende runde Turm ist von einem gotischen Spitzdach und vier ebenso spitzackigen Luger-Erkern gekrönt. Er bewachte den westlichen Mauerabschnitt, der heute noch im Straßennamen Inselgraben aufscheint. Seinem Namen nach hat er als Stadtgefängnis (Malefizturm) gedient.

Im Bereich des Diebsturms ist die Stadtmauer mit Wehrgang noch teilweise begehbar. Relativ gut hat sich auch

Fassadenmalereien am Rathaus erinnern an den Reichstag von 1496.

der Mauerzug zum Festland hin (längs der Zwanziger Straße, Abschnitt „Auf der Mauer") erhalten. Bei der Heidenmauer erhob sich das Landtor. Eine feste Brücke zum Festland hinüber dürfte nicht vor dem 15. Jahrhundert bestanden haben. Ende des 15. Jahrhunderts wurde die ostwärts im See gelegene „Hintere Insel" mit in das Befestigungswerk miteinbezogen.

Einer der Höhepunkte der Lindauer Geschichte war der Reichstag, der hier 1496/97 über die Bühne lief. Er kostete die Bürgerschaft zwar Unsummen, erhöhte aber das Prestige, auch wenn Kaiser Maximilian nicht persönlich erschienen ist, sondern seinen Sohn Philipp von Burgund geschickt hatte. Farbenprächtige Fresken am Rathaus erinnern an dieses „Event". Später waren die habsburgischen Kaiser weniger gut auf Lindau zu sprechen, nachdem sich die Bürger der Reformation angeschlossen hatten.

Von 1500 bis 1508 verstärkte die Bürgerschaft die alten Mauern durch neuzeitliche **Bastionen und Schanzen**. Sie haben immerhin den schweren schwedischen Angriffen 1646 und 1647 standgehalten.

> Lindaus Stadtmauer lässt sich am besten im Zuge einer gemütlichen Umrundung der gesamten Inselstadt zu Fuß erkunden, wobei wir 2½ Stunden fürs reine Gehen rechnen sollten. Vom Mangturm sind es nur ein paar Schritte zur „Römerschanze". Von hier spazieren wir – immer am Ufer entlang – zuerst zur Gerberschanze, die spitzwinkelig in den See vorstößt und einen malerischen Blick auf Wellen und Pfänder bietet. Im Stadtgarten (mit Blick auf die Heidenmauer) kann man noch die Spuren der Maximiliansschanze und der Ludwigsbastion aus dem Dreißigjährigen Krieg erkennen.
> Entlang oder zum Teil sogar auf der Landmauer kommen wir zum Loserturm und zur Lindenschanze, von der aus die Thierschbrücke hinüber zur Hinteren Insel führt (heute Dauerparkplatz und Grünanlagen). Dort tangiert die Uferpromenade die Sternschanze mit Blick auf den im Wasser stehenden Hexenstein, und dann, weit in den See vorspringend, die Pulverschanze mit dem gedrungenen Pulverturm von 1508. Unterhalb der nun folgenden Karlsbastion befindet sich der Naturbadestrand der Lindauer. Von dort erreichen wir wieder das Hafenbecken.

Ein prächtiges Beispiel bürgerlichen Barocks repräsentiert das „**Haus zum Cavazzen**" am Marktplatz. Seinen Namen erhielt es vom lombardischen Patriziergeschlecht da Cavazzo, das auch in Lindau begütert war. (Der Name bedeutet „Maulkorb"!) Ihren Besitz, der durch einen Stadtbrand schwer gelitten hatte, übernahm dann die Lindauer Familie Seutter. Das heutige Bauwerk mit üppiger farbiger Außenbemalung und Stuckierung wurde 1730 vollendet. Beeindruckend ist das voluminöse Doppelwalmdach. Säulen und ein Volutengiebel rahmen das Eingangsportal. Der Palazzo beherbergt über drei Stockwerke das interessante Lindauer Stadtmuseum mit einer Fülle von Kunstgegenständen, die auf die

Bedeutung der ehemaligen Fernhandelsstadt hinweisen. Amüsant erscheinen heute die mehrfach beurkundeten Auseinandersetzungen der Bürgerschaft mit der „Weiberherrschaft" der adligen Stifts-„Jungfern". Dazu passt das Porträt, das die letzte Äbtissin

Stadtmuseum im Haus zum Cavazzen
Marktplatz 6, D-88131 Lindau
Öffnungszeiten: April bis Oktober, Dienstag bis Freitag und Sonntag 11–17 Uhr, Samstag 14–17 Uhr
T: +49/(0)8382/27756514
I: www.lindau.de

als durchaus nicht mit ihren Reizen geizende Rokokodame zeigt. Die Hafenmolos wurden in „bayerischer Zeit" nach 1811 aus Steinen der abgetragenen Festungswerke errichtet. Die Hafenein- bzw. -ausfahrt erweckt einen – um einen Reiseführer des 19. Jahrhunderts zu zitieren – durchaus „komischen" Eindruck. Rechts erhebt sich seit 1856 ein Leuchtturm wie von der Waterkant – wenn auch im Miniaturformat, und gegenüber der schmalen Schiffspassage hockt der putzige bayerische Löwe und verkündet jedem etwas grantelnd, dass Lindau seit 1805 bayerische Hafenstadt im Schwäbischen Meer ist!

„Bayerischer Leu" und Leuchtturm „bewachen" die Hafeneinfahrt.

Bad Schachen

Villenlandschaft am Strand

Mieten wir uns am Lindauer Bahnhof (übrigens ein Jugendstiljuwel!) ein Fahrrad und entfliehen dem Trubel auf dem Radweg längs der Eisenbahnbrücke hinüber in die grünen Villenvororte Aeschach und Bad Schachen. Schon seit dem späten Mittelalter erbauten sich hier an den Hängen mit Blick auf Insel und See Lindauer Patrizier Landschlösschen und Sommersitze. Nachdem sich 1848 die Wittelsbacher, das bayerische Königshaus, im Bereich des ehemaligen Schwefelbades Bad Schachen niedergelassen hatten, folgten ihnen Aristokraten und reiche Fabrikanten nach. Wer sich für die elegante Villenarchitektur des 19. und beginnenden 20. Jahrhunderts interessiert, findet hier schöne Beispiele von Landhäusern, die als Ritterburgen oder toskanische Villen „verkleidet" sind.

Villa Lindenhof mit Sommerhaus-Tempel (rechts)

In der **Villa Lindenhof** hat sich der in Italien zu Vermögen gekommene Kaufmann Friedrich Gruber (1805–1850) ein Denkmal geschaffen. Seine Familie war schon seit dem 17. Jahrhundert in Lindau tätig und erwarb sich mit einem Fuhrunternehmen nach Italien und Südfrankreich Ansehen und Reichtum. Der zwischen Genua, Marseille, Palermo und Neapel tätige Gruber hatte zwar den

Lindenallee im Park der Villa Lindenhof

Ruf eines „Napoleons der Kaufleute", starb jedoch nicht einmal 45-jährig und konnte die Früchte seines Wohlstands nicht mehr ernten. Wenigstens hat er seine letzte Ruhestätte im Park gefunden. Auf seiner Grabplatte lesen wir: „*Rastlos musst Du vorwärts streben, nie ermüdet stille stehen, willst Du die Vollendung sehen.*"
Von 1842 bis 1849 entstand der hoch über dem Seeufer liegende herrschaftliche Landsitz im etwas abgewandelten Stil einer Palladio-Villa. Aus dem Haupthaus springt ein halbrunder Vorbau hervor, der von einer Balustrade gekrönt wird. Das Sommerhäuschen im Gewand eines römischen Tempelchens und besonders im Inneren die Wandmalereien im pompejanischen Stil künden vom Faible des Hausherrn für die römische Antike. Im weiten Vorfeld der Villa schuf der renommierte Gartenarchitekt Max Friedrich Weyhe den wunderschönen englischen Landschaftspark, durch welchen die namengebende Lindenallee führt. Naturliebhaber werden die Riesen-Sequoie, ein riesenhaftes Urwaldgewächs, und die Ginkgobäume auf Anhieb finden.

Friedensmuseum in der Villa Lindenhof, Bad Schachen, Lindenhofweg 25, D-88131 Lindau
Öffnungszeiten: 15. April bis 15. Oktober, Dienstag bis Samstag 10–12 und 14.30–17 Uhr; Sonntag 10–12 Uhr
T: +49/(0)8382/24594,
I: www.friedens-raeume.de
Park mit altem Baumbestand zugänglich. Parkmöglichkeit am Strandbad mit Restaurant.

Als man 1839 mit der Anlage des Parks begann, wurde die im Wege stehende alte **Weiherburg Degelstein** abgerissen. Das Wasserschlösschen wurde 1326 als zum Kloster St. Gallen gehörendes Gutshaus genannt. 1385 kam es ans Lindauer Damenstift und als „Tegelsteiner Schlössle" oder „Lusthaus" an verschiedene Lindauer Patriziergeschlechter. Zur Erhöhung der Romantik ließ man bei der Lindenhofer Parkanlage dann doch die Ruine des Kernbaus stehen. Ihre Mauern werden heute als „Kellergewölbe" bezeichnet. Der Wassergraben rundherum ist als Vertiefung noch gut zu erkennen.

1956 übernahm die Stadt Lindau Villa und Landschaftsgarten. Der östliche Teil des Parks wurde zu einem Strandbad mit Liegewiese umgewandelt, der Park selbst ist seitdem öffentliches Erholungsgebiet mit schönen Spazierwegen und Blick auf Lindau, Bregenzer Bucht und Schweizer Berge. In der Villa ist ein „Friedensmuseum" untergebracht, das von Pax Christi, der Friedensbewegung der katholischen Kirche, betrieben wird.

Auch die nahe **Villa Alwind** erweckt einen italienischen Eindruck. Das kubische Haupthaus entstand 1853 im klassizistischen Stil. Von seinen mediterran gestalteten Terrassen, die sich stufenförmig zum Ufer erstrecken, öffnet sich der Blick auf See und Berge. An der Auffahrt befinden sich Remisen und Kutschenhäuser.

> Das herrschaftliche Gebäude dient heute der deutschen Telekom als Erholungsheim. In die Parkanlage kann man hineingehen. Wer Haus und Gärten besichtigen will, sollte sich an der Rezeption melden.

Villa Alwind bei Bad Schachen

Wasserburg

Nicht immer ein Idyll

Nur sechs Kilometer sind es auf der weitgehend Radlern vorbehaltenen Strecke von Lindau nach Wasserburg. Duftende Obstplantagen und Streuwiesen begleiten uns. Das Attribut „malerisch" gilt immer noch für das harmonische Bau-Ensemble aus Schloss und zwiebelgekrönter Georgskirche. Die St. Galler Klosterherren richteten im Mittelalter auf der in den See ragenden Halbinsel ein Refugium, eine Fluchtburg, ein, in die sie bei Gefahr ihre Schätze quer über den See verbringen konnten. Schon damals dürfte der eigentliche Burgbereich auf der äußersten Landspitze durch einen Wassergraben zu einer Insel verwandelt worden sein. Spätere Besitzer gerieten in Streit mit dem Schwäbischen Städtebund, der die Burg 1358 kurzerhand zerstörte. Die Grafen von Montfort bauten sie wieder auf und hielten sie auch während des Bauernkrieges 1526. Die heutige unregelmäßige Dreiflügelanlage geht noch auf die Montforter zurück. 1592 erwarben die schwerreichen Fürsten Fugger Burg und Herrschaft Wasserburg.

Im **Malhaus**, einem Renaissance-Bauwerk von 1596, das heute als Museum dient, haben sie ihre Spuren hinterlassen. Leider nicht nur rühmliche, wie die schaurigen Hexenzellen beweisen. Das Grabmal des berüchtigtsten Hexenjägers dieser Zeit, Bartholomäus Heuchlinger, steht ungerührt immer noch in der benachbarten Kirche. 1720 ließen die Fugger den Wassergraben zuschütten und die alte Zugbrücke entfernen, Wasserburg war damit keine „Wasserburg" mehr. Über eine kurze österreichische Herrschaftsperiode gelangte Wasserburg 1805 an das Königreich Bayern.

Eine intime Veranda mit Bronzedenkmal und Seeblick erinnert an Horst Wolfram Geissler (1893–1983). Der Dichter ließ seine berühmte Romanfigur, den „lieben Augustin", in Wasserburg aufwachsen. Die deutsche Germanistenherrlichkeit weist Geisslers heitere Novellen zwar ins flache Reich der Trivialität – was uns allerdings keinesfalls von der Lektüre abhalten sollte. Der zeitgenössische Schriftsteller Martin Walser kam 1927 als Sohn eines Wasserburger Gastwirts zur Welt. Viele seiner gesellschaftskritischen Romane spielen hier am See inmitten eines auch für flüchtige Vorbeifahrer sichtbar begüterten Weekend- und Yachting-Milieus.

Ensemble Wasserburg mit Schloss, Kirche und Zwiebelturm

Die Kirche Sankt Georg geht auf das 8. Jahrhundert zurück. Ihr heutiges Aussehen erhielt sie im 18. Jahrhundert. Der Turm wurde nach einem Blitzschlag 1655 im Stil der Augsburger Renaissance wieder aufgebaut. Im Innern erinnern drei Tafeln an die „Seegfrörnen" von 1573, 1830 und 1963 – also an Winterzeiten, in denen der See vollständig zugefroren war.

Das Museum informiert über Geissler, Walser und Naturkunde und zeigt die Fugger'schen Hexenkerker. Das Schlossgebäude dient heute als stilvolles Hotel. Empfehlenswert ist das direkt am See liegende Schlossrestaurant mit Freischankfläche und prächtiger Sicht über den See. Wasserburg kann auch mit der Bodenseeschifffahrt angesteuert werden.
Museum im Malhaus auf der Halbinsel, Halbinselstraße 77, D-88142 Wasserburg
Öffnungszeiten: Dienstag bis Samstag 10.30–12.30 Uhr, Sonntag 10–17 Uhr, Mittwoch und Samstag auch 14.30–17 Uhr
T: +49/(0)8382/89516
I: http://www.museum-malhaus-wasserburg-bodensee.de
Schloss Hotel Wasserburg, Halbinselstraße 78, D-88142 Wasserburg
T: +49/(0)8382/2733300, I: schloss-hotel-wasserburg.de

Bei **Nonnenhorn** überquert man die unsichtbare Grenze zu Baden-Württemberg. Der Weinbau beherrscht ab jetzt sichtbar die Rebhänge. Müller-Thurgau-, Bacchus- und Spätburgunderreben locken beiderseits des Weges. Am Flusslauf der Argen erwartet uns ein technisches Denkmal, nämlich die erste Kabelhängebrücke Deutschlands, eine *Golden Gate en miniature*, geschaffen 1897. Von hier kann man immer am Ufer entlang die Argen aufwärts in den historischen Argengau wandern oder besser radeln. Im Argental warten das Wasserschloss Gießen, Schloss Achberg und die Ruine Neuravensburg auf uns.

Maurischer „Kiosk" in Langenargen

Ein Hauch von Orient

Zwischen den Mündungen der Argen und der Schussen liegt auf einem in den See vorstoßenden „Horn" der Markt Langenargen (früher nur Argen), der Seeort des Argengaus. 1290 ging er in den Besitz der Grafen von Montfort-Bregenz über, der damals mächtigsten Herren

Wasserburg Argen (Matthäus Merian, 1647)

an Obersee. Graf Wilhelm kam als Feldhauptmann Kaiser Ludwigs des Bayern und als Statthalter von Mailand zu Reichtum und ließ an Stelle einer älteren Befestigung anno 1330 auf der Halbinsel eine neue Burg errichten, die er Montfort nannte. Ein künstlicher Wasserdurchstich und eine Zugbrücke verwandelten sie in

Ruine Argen, wie sie Annette von Droste-Hülshoff gesehen hat (1845)

Schloss Montfort, Aussichtsturm

eine Inselburg. Mitte des 15. Jahrhunderts noch einmal verstärkt, ließ sie sich von den „Zusammenrottungen der Bauern" 1526 nicht beeindrucken.

Den Bedarf an Kanonenrohren besorgte im 16. Jahrhundert eine eigene Argener Stückgießerei (Stück = Geschütz). Die Schweden plünderten die Burg 1647 aus, worauf in den leer geräumten Mauern 1649 noch ein Brand ausbrach. Erst 1667 ließen die Montforter die Burg wieder teilweise bewohnbar machen. Der Markt Argen kam wegen der Konkurrenz der Reichsstädte Lindau und Ravensburg nie so richtig auf die Beine. 1770 ging die völlig verschuldete Herrschaft an Österreich über und 1810 an das neue Königreich Württemberg.

Das Gemäuer im See verfiel dabei, bot aber noch als Ruine einen imposanten Anblick und diente zahlreichen Bodensee-Malern als romantische Kulisse. Kein Wunder, ist doch die Hochgebirgswelt jenseits der Wasserfläche – die „Drei Schwestern", die Zacken der Schesaplana und des Säntis – bis in den Hochsommer hinein mit gleißendem Weiß schneebedeckt.

> Annette von Droste-Hülshoff beschrieb Burg Montfort 1842 als „*die herrliche Ruine Montfort, auf einer Landzunge, die schönste, die ich je gesehen habe, mit drei Toren, zackichten Zinnen und einer dreifachen Reihe durch ihre Höhe und Tiefe ordentlich imponierender Fensternischen, in denen die herrlichste Stukkaturarbeit dem Winde und Regen noch zum Teil widerstanden hat*".

Schloss Montfort, von Bodenseewellen bespült

Auf der Suche nach herausstechenden Plätzen für Repräsentationsbauten des neu geschaffenen württembergischen Königtums fiel der Blick König Wilhelms I. auf Langenargen. 1861 ebnete man den Burgplatz ein und errichtete darauf einen Prachtbau im orientalischen Stil. Für den an maurische oder osmanische Vorbilder gemahnenden „Kiosk" (Gartenpalast) war der Name „Villa Arguna" (so hieß der frühmittelalterliche fränkische Hof hier) denkbar unpassend. Nach der Vollendung des Baus im Jahre 1866 entschied sich der Stuttgarter Hof für „Schloss Montfort" in Erinnerung an das alte Grafengeschlecht. Das Schlösschen mit seinem schlanken Zinnenturm diente als Sommerresidenz König Karls I. und als häufiger Aufenthalt der Prinzessin Louise von Preußen.

Seit 1940 ist Schloss Montfort Gemeindebesitz und dient als Kulturzentrum mit wechselnden Ausstellungen und Tagungsstätte. Turmbesteigung ist möglich. Das Erdgeschoss nimmt ein gehobenes Restaurant ein. Auf der Schlossterrasse sitzt man herrlich. Wenn die gegenüberliegende Schweizer Uferlinie im Dunst verflimmert, kann direkt Mittelmeerstimmung aufkommen. Für Café und Museum gilt: Montag Ruhetag.
Restaurant-Café Schloss Montfort, D-88085 Langenargen
T: +49/(0)7543/912712,
I: www.montfort-schloss.de

Seine filigranen Türmchen und arabesken Stilelemente erinnern sowohl an Schloss Miramare bei Triest als auch an die romantischen Schlösser Ludwigs II. von Bayern. Technik-Freaks sollten derartige Bauten des 19. Jahrhunderts übrigens nicht vorschnell als reinen Kitsch abtun. Hinter dem verspielten Äußeren der prunkvoll überladenen Säle verbergen sich die damals modernsten Techniken wie Stahlskelettbau, elektrische Leitungen und zentrale Heizung.

Die einstige Burganlage in Hagnau

Riegelbau auf Buckelquadern

Hagnau ist ein von Weinhängen umstandenes Dorf. Burgenkundlich interessant ist der **Salmannsweiler Hof**. Das behäbige Haupthaus mit den offen liegenden Fachwerk-Sparren datiert vom Jahr 1568. Doch die Staffelgiebelwand fußt auf zwei Meter starkem Buckelquadermauerwerk und behauenen Sandsteinen, die zu einer Turmburg des 13. Jahrhunderts gehören. 1285 wird die Burg als Besitz des Klosters Salmannsweil – oder wie es sich später nannte, Salem – erwähnt. Auch die Grundmauern der danebenliegenden Pfarrkirche St. Johann weisen in die Romanik und waren früher Teil der Burganlage.

> Für Radler ist die 14 km lange Strecke zwischen Friedrichshafen über Manzell und Immenstaad nach Hagnau nicht sehr attraktiv – führt sie doch neben der stark befahrenen E 54 einher. Deshalb empfiehlt sich für diesen Bodensee-Abschnitt die Fahrt mit einem Schiff der „weißen Flotte".

Eine gigantische Torkel, eine Weinpresse, aus dem Jahr 1747 weist uns den weiteren Weg. Wir werden hier daran erinnert, dass früher erheblich mehr „gesoffen" wurde als heute. Allerdings nicht aus Genuss- oder Trunksucht, sondern aus purer Notwendigkeit: Reines Quellwasser stand nicht überall zur Verfügung und Wasser aus Brunnen oder Zisternen war schnell verdorben. Das Brauen von Bier gestaltete sich noch um 1600 teurer als der Weinbau. Für das 16. Jahrhundert lässt sich für Süddeutschland ein Quantum von 200 Litern Wein pro Kopf und Jahr errechnen. Aus Rechnungen und Hausordnungen wissen wir, dass Burgbesatzungen und Dienerschaften „tägliche Haustruncke" von zweieinhalb Maß (Litern) Wein und damit eine Art leichter Dauerrausch zustanden. Als besonders geeicht galten Mönche. Reisläufer (Söldner) und Landsknechte vertilgten Weinmengen, bei denen man sich fragt, wie sie dann noch die Hellebarde zu halten vermochten. Der Seewein spielt heute noch eine große wirtschaftliche Rolle in unserem Gebiet. Überall lassen sich am Wegesrand „Viertele schlotzen".

Meersburgs Alte Burg

Die Burg über dem „Schwäbischen Meer"

Die fünf Kilometer von Hagnau nach Meersburg sind so, wie man sich als Bodenseeradler den gesamten Bodenseerundweg wünscht. Ein schmales Sträßchen neben dem Kiesstrand, von dem der Geruch von Tang und Treibholz aufsteigt, flankiert von Obsthainen und Weinkulturen. Durch das Vordere Seetor beim alten Hafenbecken – auch Kugelwehrtor genannt – betritt man ein altdeutsches Kleinod.

Meersburg schaut so aus, wie sich die hier zahlreich umherschlendernden Touristen ein mauerumgürtetes altdeutsches Städtchen mit seinen Toren, Türmen und Brunnen vorstellen. Entlang des Seeufers erstreckt sich die ehemals durch zwei Stadttore begrenzte Unterstadt mit dem alten Hafenbecken. Das westliche Vordere Seetor ist noch erhalten.

Eine gewundene Steigstraße und zwei gepflasterte Stufengänge führen über den steil abfallenden Uferhang hinauf zur Oberstadt. Hier dominiert in jeder Hinsicht das Alte Schloss. Wer schnell von der Schiffsanlegestelle hinauf möchte, nimmt die 171 Stufen der Rieschentreppe quer durch die städtische Weinlage „Rieschen". Das massige altersgraue Burggebäude mit dem wuchtigen Quadratturm beherrscht das Umland und die weite Wasserfläche vor Konstanz. Besteigt man in Gstaad die Fähre, so drängt sich der Kolossalbau ins Sichtfeld und gewinnt an Größe und Positur, je

Meersburg (Lithografie von Eberhard Emminger, um 1820)

näher man herankommt. Rechts daneben erstreckt sich, in frischem Zartrot leuchtend, der erheblich freundlichere Barockbau des Neuen Schlosses.

Von 1526 bis zur Säkularisation 1803 residierten in diesen beiden exponierten Orten die Bischöfe von Konstanz und brachten eindrücklich ihre geistliche und weltliche Potenz zum Ausdruck. Auch wenn es verlockend klingt, den Namen Meersburg mit dem Schwäbischen Meer in Verbindung zu bringen, so geht der Name doch auf den Heiligennamen Martin zurück.

König Dagoberts Burgturm?

Die Anfänge der Burg verlieren sich im Dunkel der frühen deutschen Geschichte. Gründer soll der fränkische König Dagobert aus dem Geschlecht der Merowinger um das Jahr 628 gewesen sein, weswegen eine rührige Fremdenverkehrswerbung mit *„der ältesten noch erhaltenen Burg Deutschlands"* wirbt. Doch zu diesen Zeiten gab es noch keine steinernen Burgen, ja nicht einmal größere Bauten. Die „Dagobert-Legende" ist denn auch erst im 16. Jahrhundert aufgetaucht und bezieht sich auf einen

Ein wuchtiges Bauwerk: die Meersburg

kurzfristigen Aufenthalt König Dagoberts I. am Bodensee.

Die direkt auf den Molassefelsen aufgesetzten Findlingsblöcke und unbehauenen Kiesel der Fundamente weisen in die frühe staufische Zeit um 1140. Dazu würde auch die urkundliche Erwähnung der „Merdesburch" von 1147 passen. In dieser Zeit wurde auch der vierseitige Hauptturm mit seinen neun Meter langen und drei Meter starken Mauern errichtet. 1210 gelangten Burg und Ort in den Besitz des Bistums Konstanz. 1213 feierte Kaiser Friedrich II. in der Burg die Karwoche. Konradin, der „letzte Staufer", und sein Mitstreiter Friedrich von Zähringen-Baden weilten auf der Burg, bevor sie 1268 ihren verhängnisvollen Zug nach Neapel antraten.

Ehemalige Zugbrücke und Mühle im Burggraben

Obwohl die Meersburg bereits im frühen 13. Jahrhundert Bischöflich-Konstanzer Besitz war und geschichtlich eine Rolle spielte, stammt eine sichere urkundliche Erwähnung der „Veste Mörsburg" erst wieder aus dem Jahre 1379. Die längste Zeit war sie nicht gegen einen äußeren Feind gerichtet, sondern gegen die Meersburger Stadtbürger selbst, die – vergeblich – mehr Rechte von ihrem geistlichen Oberherrn einforderten. Nachdem die Reformation in der Reichsstadt Konstanz die Oberhand gewonnen hatte, sahen sich die Bischöfe samt ihrem Hofstaat zum Umzug gezwungen. 1526 nahmen sie den Weg „übers Meer" und landeten in ihrer alten Fluchtburg Meersburg, die sodann standesgemäß ausgebaut und erweitert wurde.

Ihr heutiges Aussehen mit dem charakteristischen vierseitigen Stufengiebel auf dem Hauptturm und den runden Flankierungstürmen ist ein Werk der späten Gotik um 1500 und repräsentiert

Das voluminöse Burginnere birgt in 30 Sälen, Gewölben und Kammern das Burgmuseum, ein zwar etwas zufällig angeordnetes, aber liebevoll arrangiertes Sammelsurium von Gegenständen aller Art. Aber allein schon wegen des Burgcafés in den hübsch stuckierten Innenräumen und des geradezu vor Ritterkitsch explodierenden Souvenirlädchens lohnt sich der Gang über die ehemalige Zugbrücke.

Man durchmisst den Dürnitz (die Wachstube), den Rittersaal, den „Minnesängersaal", die Rüstkammer und die rauchgeschwärzte Burgküche und blickt in den 1334 vollendeten Burgbrunnen. Der Fürstensaal erinnert mit Mobiliar und Bildnissen an die bischöfliche Zeit um 1600. Der angebliche „Hungerturm" mit seinem neun Meter tiefen Verlies ist eine der üblichen Erfindungen der „Schwarzen Romantik" des 19. Jahrhunderts. Der „Dagobertturm" bleibt von der allgemeinen Führungslinie ausgespart, auch weil man versucht, dort die sensiblen Turmfalken anzusiedeln. Nach vorheriger Anmeldung ist er aber zu besichtigen. In den ehemaligen bischöflichen Zimmerfluchten haust der heutige Burgherr. Meersburg ist zwar nicht die „älteste Burg", aber seit dem 16. Jahrhundert wurde an ihrem Baubestand nichts Wesentliches mehr verändert.

Museum Burg Meersburg

Öffnungszeiten: März bis Oktober 9–18.30 Uhr, November bis Februar 10–18 Uhr

T: +49/(0)7532/80000, I: www.burg-meersburg.de

die Umbauten, die zum Einzug der Fürstbischöfe im Jahr 1526 nötig gewesen waren.

Man betritt die Burg über eine steinerne Bogenbrücke, die sich über den 14 Meter tief künstlich ausgeschachteten Burggraben spannt. 1334 waren hier 400 Bergknappen tätig, um den Felsen wegzuschlagen. In diesem Jahr war es nämlich zu Streitigkeiten um die Nachfolge des Bischofsamts gekommen. Einer der Kandidaten, Nikolaus von Frauenfeld, besetzte die Burg und glaubte noch den Burggraben gegen seine Widersacher vertiefen zu müssen. Im nächsten Jahr erschien sein Gegenspieler, Albrecht von Hohenburg, und ließ die Burg mit einer „*Vasa*" (Büchse) beschießen. Das ist ein sehr früher Hinweis auf den Einsatz von Pulvergeschützen. Vielleicht stammte der legendäre Erfinder des Schießpulvers, Bertold Schwarz, aus Konstanz. Dort wird jedenfalls für diese Zeit ein gewisser „Magister Bertoldus de Constancia in Alemania" erwähnt. Kriegsentscheidend war die Büchse in jener „Meersburger Bischofsfehde" aber nicht, da sie eigentlich nur Krach machte und einen *„schutzlichen und herten Ton und Klapf"* von sich gab. Nach 14 Wochen zogen die Belagerer ab. Auch den Schweden erschien im Jahr 1647 die Burg als zu harte Nuss. So begnügten sie sich damit, den Dachstuhl in Brand zu schießen.

Unten an der Sohle erblickt man die Burgmühle mit ihrem fast vier Meter Radius messenden Wasserrad. Von der ehemaligen Zugbrücke kündet noch die hölzerne Drehwinde, mit der die Holzplanken des letzten Brückenabschnitts hochgezogen werden konnten.

Nachdem die verwinkelte Burg den Prunk liebenden geistlichen Fürsten zu düster geworden war, ließen sie sich gleich daneben den lichten Barockbau des „Neuen Schlosses" errichten.

Freifräuleins Annettes geliebtes Spukschloss

Nicht zuletzt wegen öfters bezeugter Spukerscheinungen war das altersgraue Gemäuer unheimlich geworden. Schwere Tritte knarzten nächtens durch Gewölbe und Zimmer und jagten auch beherzten Besuchern Schauer über den Rücken. Heute erklärt man sich diese Phänomene mit den Temperaturschwankungen zwischen Tag und Nacht, welche die Balkendecken und Holzstiegen ächzen und stöhnen ließen.

1838 erwarb Josef Freiherr von Lassberg das verödete und zum Abbruch freigegebene Burggebäude. Als Germanist, Nibelungen-Forscher und Historiker hat er sich viele Verdienste erworben. Dem romantisch verklärten Mittelalter zugeneigt, staffierte er die Meersburg mit allerlei Wappen, Rüstungen, dunkel gebeizten Bildern und Jagdutensilien aus, die noch heute ihr eigentümliches Flair ausmachen. Die Schriftsteller Ludwig Uhland, Gustav Schwab und die Gebrüder Grimm waren seine Gäste. Seine Schwägerin, die Dichterin Annette von Droste-Hülshoff, bezog 1841 den dem See zugewandten Flügel.

Blick in Droste-Hülshoffs Appartement auf Schloss Meersburg

Annette von Droste-Hülshoff, das adelige Freifräulein aus Westfalen (1797–1848), verbrachte hier ihre letzten Lebensjahre. Als unverheiratetes „altes Mädchen" war sie zeitlebens von ihrer Familie abhängig und auch wegen angeschlagener Gesundheit froh, in Lassbergs Räumlichkeiten Unterschlupf zu finden. Dass sie einmal zu den bedeutendsten deutschsprachigen Schriftstellerinnen gezählt werden würde, war damals noch keineswegs abzusehen. Am See entstanden ihre Erzählung „Die Judenbuche" und der Gedichtzyklus „Das geistliche Jahr". Erst 1843 erwarb sie mit der Veröffentlichung der Gesamtausgabe ihrer Lyrik eigenes Geld – und kaufte sich davon für 700 Gulden das „Fürstenhäusle" (siehe unten). Ihr Arbeits- und Sterbezimmer wird in der Burg noch gezeigt. Fast hat man den Eindruck, hier in eine persönliche kleine Welt einzubrechen. Überraschend schmal ist das Bett, wie nur kurz verlassen stehen die Biedermeiermöbel und der Bücherschrank mit einer Auswahl ihrer Werke in den schiefwändigen Räumen. Der Blick aus dem Fenster lässt erkennen, warum „die Droste" als Norddeutsche so für ihre letzte Heimat geschwärmt hat. Wir verdanken ihr zahlreiche Schilderungen des Bodenseeraumes, die in ihrem Realismus in einem seltsamen Kontrast zu ihren sentimentalen poetischen Werken stehen.

Zum **Fürstenhäusle** der Droste gelangt man durchs Obertor und von dort auf einer schmalen Stiege in ein paar Minuten hangaufwärts. Der idyllisch inmitten eines Weinbergs liegende Sommersitz wurde 1539 als bischöfliches Rebhaus zur Beaufsichtigung der umliegenden Weingärten erbaut. Annette von Droste-Hülshoff verbrachte hier *„in ihrem artigen Gartenhaus"* die letzten Sommerzeiten in den Jahren 1843 bis 1848. *„Mir ist beinahe sündlich zumute"*, schrieb sie, weil sie von hier oben, *„ihrem niedlichen Asyl"*, das Treiben der Bürger und Bauern beobachten konnte.

Annette von Droste-Hülshoff, Porträt auf dem 20-DM-Schein

Das intime Museum mit Bildern, Briefen und persönlichen Erinnerungsstücken im kleinen Fürstenhäusle erinnert an die Dichterin. Im nahen Friedhof liegt sie begraben.

Droste-Museum im Fürstenhäusle, Stettener Straße 11, D-88709 Meersburg
Öffnungszeiten: April bis Oktober Dienstag bis Samstag 10–12.30 und 14–18 Uhr, Sonn- und Feiertage 14–18 Uhr
T: +49/(0)7532/6088
I: www.fuerstenhaeusle.de

Meersburgs Neues Schloss

Eine Frucht „fürstbischöflichen Bauwurmbs"

Unmittelbar vor der alten Burgbrücke führt ein geschwungener Treppenaufbau (Vorsicht, der rechte Lauf endet blind!) empor zur Gartenterrasse, über welcher sich die **„Neue fürstbischöfliche Residenz"** aufbaut. Von der durch eine Balustrade eingefassten Gartenterrasse eröffnet sich ein grandioser Blick über die Unterstadt und weiter über das blaugrüne Schwäbische Meer.

Im Barockzeitalter waren standesgemäße Residenz, adelige Repräsentation und Komfort gefragt. Dem diente der Bau des Neuen Schlosses auf dem unmittelbar dem alten Baublock benachbarten Areal. Als neuer Platz stand die weiträumige Geländestufe über dem See zur Verfügung, auf der sich die alte Vorburg erstreckte, die kurzerhand abgerissen wurde. Fürstbischof Schenk von Stauffenberg entfaltete auf dem Papier eine großartige barocke Bautätigkeit, kam aber wegen der Unzulänglichkeiten seiner Baumeister über den Rohbau nicht hinaus.

Das änderte sich, als 1740 mit Damian Hugo ein Vertreter des Fürstenhauses Schönborn auf den Bischofsthron gelangte. Diese hochadlige Sippe galt *„als vom Bauwurmb befallen"* und hatte sich im Fränkischen schon mehrere prachtvolle Schlösser geleistet. Ihr Hof-Baumeister war Balthasar Neumann, der das Kunst-

Das Neue fürstbischöfliche Schloss Meersburg

stück fertig brachte, aus der Ferne Pläne für das Neue Schloss Meersburg zu entwerfen, die an Ort und Stelle dann umgesetzt wurden. Der viel beschäftigte Architekt war also selbst nie in Meersburg zugegen! Erst gegen 1766 war der gesamte Schlosskomplex vollendet und konnte vom 70-köpfigen Hofstaat bezogen werden.

Das Schloss ist ein einflügeliger Längsbau mit drei Geschossen. Gegen den See entfaltet die reich gegliederte Schauseite ihre ganze hochherrschaftliche Pracht, zu der auch die rote Außenfärbung beiträgt. Die Fassade zum Schlossplatz hin ist dagegen einfacher gestaltet. Das Erdgeschoss wird von der Sala Terrena eingenommen, einer – wie auch der italienische Name aussagt – ebenerdigen Halle. Vom majestätischen Selbstbewusstsein der fürstlichen Bewohner zeugt das von Balthasar Neumann entworfene lichte Treppenhaus mit zwei symmetrischen Stufenläufen, das die Repräsentationsräume der Oberstöcke erschließt. Sein farbenprächtiges Bildprogramm spiegelt pathetisch die Eigenschaften der Fürstbischöfe wider: Weisheit, Kunstsinnigkeit, Güte und Ruhm.

Heute sind im Neuen Schloss das fürstbischöfliche Residenzmuseum, die städtische Gemäldegalerie und das Dornier-Museum untergebracht. Die drei Sammlungen unterschiedlicher Herkunft geben dem Besucher ein ganzheitliches, „rundes" Bild von Geschichte und Kunst am See.

Neues Schloss
Öffnungszeiten: April bis Oktober täglich 10–13 und 14–18 Uhr
T: +49/(0)7532/440-4900
I: www.schloesser-magazin.de/de/schloss-meersburg

Wie im „aufgeklärten Absolutismus" üblich, tritt die christliche Bildprogrammatik gegenüber der klassischen Antike in den Hintergrund. So sehen wir im Zentrum des Deckenfreskos den Lichtgott Apollo zusammen mit Aurora, der Göttin der Morgenröte. Auch auf den Fresken im Spiegelsaal in der zweiten Etage tummeln sich Gestalten der griechisch-römischen Antike, wie z. B. Bacchus, der Gott des Weines, den der betuliche Schlossführer als *„trunken vom Lichte"* bezeichnet, und nicht etwa, wie eigentlich näherliegend, als *„voll des süßen Rebensafts"*. Bei Sonnenschein blenden die Spiegel und der filigrane Goldstuck in einem geradezu überhellen Licht. Werden bei Dunkelheit Kerzen entzündet, was nicht oft vorkommt, taucht der Festsaal ein in eine gedämpft schimmernde Unwirklichkeit.

Nur ein halbes Jahrhundert wirkten die Fürstbischöfe in ihrem Prunkbau über dem See, dann bereitete die Säkularisation der geistlichen Herrlichkeit im Jahr 1803 ein abruptes Ende. Man darf froh sein, dass „nur" das bewegliche Interieur, Möbel, Teppiche und Tapisserien hinausgeworfen und verschleudert wurden und

Schlossplatz mit hochfürstlicher Residenz (Guckkastenbild, 1770)

das Gebäude selbst, wenn auch als Gefängnis, Taubstummen-anstalt und Seemannsschule, erhalten geblieben ist. Erst seit das Neue Schloss 1955 in den Besitz des Landes Baden-Württemberg übergegangen ist, dient es als Museum.

Balthasar Neumann entwarf auch die **Schlosskirche**. Wüsste man nicht, dass vom Schlossplatz aus gesehen das linke Portal in das Kirchenschiff führt, könnte man sie glatt übersehen. Nur eine Marien-büste im Strahlenkranz weist auf den Eingang zur Kirche hin, die baulich vollständig in das Schlossgebäude integriert ist. Im Innern herrscht lichtdurchflutetes Rokoko wie in der Kirche zu

> Die Schlosskirche dient heute, durchaus überraschend, als protestantisches Gotteshaus.

Birnau. Der Bauherr, Kardinal Graf Damian von Schönborn, ließ sich, ein Weihrauchfässchen schwenkend, auf dem Deckenfresko in der Reihe der Anbetenden darstellen.

Die profane Hofhaltung fand im **Reithof** statt, einer Vierflü-gelanlage mit Stallungen und Remisen, die sich an den Residenzbau anschließt und sich von diesem durch die – erneuerte – gelbe Außenfarbe unterscheidet. Durch eine andere, nämlich rötliche Farbnuance hebt sich davon das ehemalige Priesterseminar ab, ein

> Der Reit- oder Stallhof beherbergt heute das Staatsweingut und einen Schulbetrieb. Im Priesterseminar ist das Internat des Droste-Hülshoff-Gymnasiums untergebracht. Beide Gebäude können aber von außen gut besichtigt werden. Zwischen ihnen eröffnet der Aussichtspunkt des Känzeles einen herrlichen Blick über den See.

stattliches Geviert um einen Innenhof. Beide Bauensembles sind in den Jahrzehnten von 1725 bis 1765 entstanden.

Eine kleine Ortschaft, vermutlich die Station eines Fergen (Fährmannes), dem die Seeverbindung nach Konstanz oblag, könnte hier wirklich schon zu „Dagoberts Zeiten" bestanden haben. Aber als feste bürgerliche Siedlung ist Meersburg erst im 13. Jahrhundert verbürgt, so als Markt ab 1233 und als Kommune mit Stadtrechten seit 1299. Im 14. Jahrhundert wurde der Uferbereich künstlich aufgeschüttet und mit der Unterstadt bebaut. Der Markt war dort zwischen den beiden Stadttoren der Unterstadt leichter abzuhalten als auf dem Hanggelände der älteren Oberstadt. Im 14. Jahrhundert dürfte auch der erste Stadtmauerring, der beide Stadtteile umfasste, erbaut worden sein. Das Obertor, der Zugang zur Oberstadt, ist für 1325 belegt. Freilich haben es die machtbewussten Konstanzer Bischöfe immer verstanden, die Stadtrechte einzuengen und zu unterlaufen. Nicht zuletzt die strategisch günstig zwischen Unterstadt und Oberstadt platzierte Burg untermauerte ihren Machtanspruch.

Nach dem 1526 erzwungenen Umzug der Bischöflichen aus Konstanz fungierte Meersburg ab 1551 als Residenzstadt und wurde dementsprechend umgestaltet. Das gotische Rathaus mit dem zum oberen Marktplatz führenden Falbenbogen, der hochragende Zinnengiebel des Obertores und der wuchtige Pfarrhofturm entstammen dem 16. Jahrhundert und geben dem Städtchen sein unverwechselbares „altdeutsches" Gepräge.

Obertor mit Zeppelin

Pfahlbauten zu Unteruhldingen

Die älteste Befestigung am Bodensee

Von Meersburg aus verläuft der Radweg wieder ein Stück parallel zur stark befahrenen B 31. Der Blick auf den schmäler werdenden Überlinger See hinüber zur Insel Mainau und auf den bewaldeten Bodanrück entschädigt etwas. Bald sind die **Pfahlbauten zu Unteruhldingen** erreicht, die heute in ein hochmodernes und anschauliches Freilichtmuseum integriert sind.

Solche vorgeschichtlichen Ufersiedlungen sind am Bodensee häufig archäologisch nachgewiesen. Früher stellte man sich die „Pfahlbauten" als direkt im Wasser auf Stelzen stehende Holzhäuser vor. Doch die moderne Forschung geht davon aus, dass es sich um jahreszeitlich überflutete Uferrandflächen gehandelt hat, und spricht deshalb von „Seeufer-Siedlungen".

Auf Stegen gelangt man in die archaische Welt der Stein- und Bronzezeit. Nach den Ergebnissen von Ausgrabungen (seit 1922) sind 23 Häuser errichtet worden. Bei einem geführten Rundgang durch die Dörfer erfahren die Besucher allerhand Interessantes

Überblick über die Anlage

Häuser der Spätbronzezeit

aus dem Alltag der frühen Seebewohner vor 3000 und 5000 Jahren, beispielsweise werden Werkzeuge und Gerätschaften erklärt. Klar wird, dass der See bestens geeignet war zum Fischfang sowie zum Sammeln von Treibholz und mit Einbäumen gut befahrbar war. Die Lage am Wasser bot Schutz vor wilden Tieren und feindlichen

Pfahlbaumuseum Unteruhldingen, archäologisches Freilichtmuseum und Forschungsinstitut, Strandpromenade 6, D-88690 Unteruhldingen
Öffnungszeiten: April bis September 9–19 Uhr; Oktober 9–17 Uhr. November und März an Wochenenden und Feiertagen 9–17 Uhr
T: +49/(0)7556/8543 und 6537
I: www.pfahlbauten.de

Überfällen. Die hölzerne Befestigung mit ihrem abweisenden Pfahlzaun und aus schwankenden Balken gefertigten Zugängen ist also das erste Beispiel einer „Burg" am Bodensee.

Die Wallfahrtskirche Birnau

Ein geistlicher Kraftplatz

Die Radstrecke folgt nun wieder ruhigeren Gefilden. Nach zwei Kilometern erscheint über dem Weinschlössle **Maurach** inmitten grüner Rebhalden die zartrosa gefärbte Wallfahrtskirche **Birnau** – zu Recht als barockes Juwel am Bodensee gerühmt und tausendfach fotografiert. Obgleich von Schwärmen von Radfahrern und Busladungen heimgesucht, muss man hineingehen. Erst wer den „Honigschlecker", einen Nektar saugenden spärlich bekleideten Putto (ein Engelsfigürchen) entdeckt hat, darf sich rühmen, mehr als einen Pflichtblick in das goldglänzende Kircheninnere geworfen zu haben.

1750 war die *„Elegantissima Ecclesia"*, die „allerhervorragendste Kirche", fertig gestellt worden. Sie erhob sich an der Stelle einer älteren Marienwallfahrtskirche, die aber die Wirren des Dreißigjährigen Kriegs nicht überstanden hatte. Doch der einzigartige „Kraftplatz" auf der Anhöhe über dem See forderte einen Neubau geradezu heraus. Für eine kunstgeschichtliche Würdigung dieses Barock- und Rokoko-Kleinodes bietet unser Burgenbuch nicht die dafür notwendigen Zeilen. Und vielleicht erscheint es überhaupt besser, sich ohne Spezialwissen hier ganz einfach der Spiritualität des Ortes hinzugeben und ein bisschen zu meditieren. Wir sollten dabei bedenken, dass all die Fresken, Bilder und Skulpturen

Wallfahrtskirche Birnau über dem See (1850)

Der „Honigschlecker"

auf den Menschen des Barock wie ein aufgeschlagenes Buch wirkten. Selbst der einfache Gläubige wusste die biblische und christliche Symbolik der Bildnisse zu deuten. Jener fröhliche Honigsauger auf dem Bernhardus-Altar spielt z. B. auf den Gründer des Zisterzienserordens, Bernhard von Clairvaux, an, dessen Mönche aus dem nahen Salem die Wallfahrt Birnau gegründet hatten. Seine Predigten hätten sich wie Honig über die Zuhörer ergossen.

Das in den 1980er Jahren modernisierte Schloss Maurach dient heute der Württembergischen Landesbank als Tagungs- und Ausbildungsstätte. Einer Außenbesichtigung steht nichts im Wege.

Das Schlösschen **Maurach** unterhalb der Kirche diente den Äbten von Salem als Sommerresidenz. Als Schiffsanlegestelle, Umschlagplatz und *Grangium* (Getreidespeicher) der Salemer Zisterzienser ist das Hofgut schon Ende des 12. Jahrhunderts belegt. Von hier führte der Prälatenweg nach Salem, auf dem Waren und Güter ins Kloster transportiert wurden. Die heutige Erscheinungsform des Gutshofs mit Wohnbau, Wirtschaftsflügel und Garten geht auf den barocken Neubau von 1722 zurück. Eine pompöse barocke Treppenanlage vom Seegestade über Maurach hinauf zur Birnauer Kirche ist zwar damals konzipiert, aber leider nie verwirklicht worden.

Schlösschen Maurach am See

Heiligenberg

Das „schlafende Schloss" auf der Seeterrasse

Schloss Heiligenberg (1826)

Bevor wir uns der Reichsstadt Überlingen widmen, sollten wir dem **Schloss Heiligenberg** einen Besuch abstatten.

Schloss Heiligenberg liegt auf der Aussichtsterrasse des Bodensees. Das 400 Höhenmeter über dem See gelegene Hochplateau musste geradezu ein Kunstwerk anlocken! An klaren Tagen öffnet sich das ganze Panorama der Alpenkette von der Zugspitze bis zu den Firnen im Berner Oberland. Als *mons sanctus* erscheint der über dem Linzgau aufragende Bergsporn im 11. Jahrhundert. Ein Graf Heinrich de monte sancto wird um 1150 als Konstanzer Vasall und Vogt des Klosters Petershausen erwähnt. Seine Burg stand auf dem **Alt-Heiligenberg** unweit nordwestlich des heutigen Schlosses.

Der „Mons Sanctus" in der Lirer-Chronik (1486)

Bodenseeradlern und -wanderern sei empfohlen, den Bus vom Bahnhof Überlingen um 13 Uhr Richtung Heiligenberg zu nehmen und gegen 15.30 Uhr per Bus wieder zurückzukehren.

Von der alten Burg (über der „Haarnadelkurve" bei Leiten gelegen) sind noch der Halsgraben und die Umwallung zu erkennen. Ein kleiner Aussichtspavillon lädt zur Rast ein. Die Fernsicht ins Salemer Tal und auf den See ist allerdings durch dichten Mischwald verdeckt. Mit dem Bau des neuen Schlosses wurde die kleine Burg aufgegeben.

Ein weiterer Überrest früherer Befestigungsanlagen ist die „Schwedenschanze". Sie liegt auf einer bewaldeten Kuppe westlich gegenüber Alt-Heiligenberg und ist auf demselben Wanderweg vom Ort aus zu erreichen. Mit den Schweden haben die noch schwach erkennbaren Erdwerke nichts zu tun. Man vermutet hier einen vorgeschichtlichen Ringwall und eine Kultstätte aus der Keltenzeit.

Mit dem Bau der neuen Burg wurde noch unter den Heiligenberger Linzgaugrafen Mitte des 13. Jahrhunderts begonnen. Doch hatten sie in den Thronkämpfen Rudolfs von Habsburg aufs falsche Pferd gesetzt und mussten nach dessen Regierungsantritt 1273 Grafschaft und Burg an den Grafen Hugo von Werdenberg, einen treuen habsburgischen Parteigänger, verkaufen. Im Besitz der Werdenberger blieb die Herrschaft bis 1534 und ging auf dem Erbweg an die Grafen von Fürstenberg über, welche das Schloss noch heute ihr Eigen nennen.

Unter den Fürstenbergern, die 1716 in den Reichsfürstenstand aufstiegen, wurde die Burg im Verlauf des 16. Jahrhunderts schrittweise zu einer glanzvollen Renaissance-Residenz umgestaltet. Zwar blieben die spätmittelalterlichen Baublöcke um den schmalen Innenhof in ihrer Klobigkeit bestehen, doch wurden sie an den Fassaden und besonders im Inneren prachtvoll und „gar lustig" ausgestattet. Dem Kemenatenbau wurden über drei Stockwerke luftige Arkaden vorgesetzt. Die Schlossherrin Anna von Zimmern engagierte dafür den hochberühmten Baumeister und Innenarchitekten Jörg Schwartzenberger, dem in Heiligenberg sein absolutes Meisterstück gelang: der Festsaal im Südflügel mit einer großartigen Kassettendecke aus verschiedenen Edelhölzern. Sie folgt mit 35 Metern Länge und 13 Metern Breite den Dimensionen des Saals und ist in 7 Metern Höhe aufgehängt. Der Saal war 1575 fertig gestellt und erhielt 1584 noch seine prachtvollen Kaminöfen.

Im Westflügel betreten wir die Schlosskapelle St. Felix oder besser Kirche, denn sie nimmt drei Stockwerke ein. Auch sie entstand im Stil der Hochrenaissance und erhielt im 19. Jahrhundert noch neugotische Zutaten. Die Gruftkapelle birgt seit 1586 die Fürstenbergische Grablege.

Wie viele Burgen verfügt auch Heiligenberg über ein eigenes Gespenst. Es handelt sich um eine Werdenberger Gräfin, die von ihrem Gemahl aus Eifersucht erdolcht wurde, und zwar ausgerechnet in der Kirche. Das dabei vergossene Blut habe sich nicht mehr entfernen lassen und sei auch noch nach Jahrhunderten zu sehen gewesen.

Mit dem Tod des baufreudigen Grafen Joachim 1598 verlor das Schloss seine Mittelpunktsfunktion innerhalb der weit gestreuten Fürstenberger Besitzungen. Während des Dreißigjährigen Krieges richteten wechselnde Einquartierungen schwere Schäden an. Eine Sprengung durch die abziehenden Franzosen soll 1643 noch im letzten Augenblick verhindert worden sein. Für 200 Jahre standen dann die Räumlichkeiten leer. Heiligenberg wurde das „schlafende Schloss". Nach umfangreichen Renovierungen wird es heute wieder von der Fürstenfamilie als zeitweiliger Wohnsitz genutzt.

Sammelpunkt für Führungen ist die Vorburg. Ende des 16. Jahrhunderts entstand hier der Glockenturm, der auf italienischen Vorbildern beruht, aber mit seiner Zwiebelhaube irgendwie auch einen „russischen" Eindruck erweckt. Die Schlossführung nimmt kurzweilige 70 Minuten in Anspruch.
Schloss Heiligenberg (nur mit Führungen zu besichtigen)
Öffnungszeiten: Ostern bis Oktober, Dienstag bis Sonntag jeweils 11, 14 und 15.30 Uhr
I: www.heiligenberg.de

Portal zum inneren Burghof

Überlingen

Schwer befestigtes Reichstädtchen

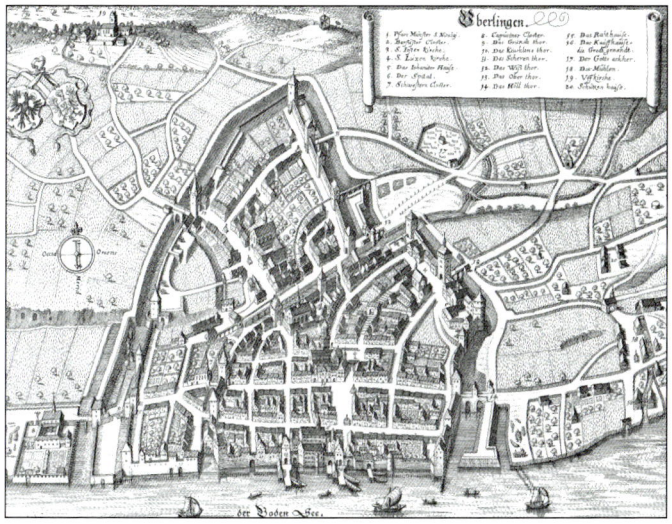

Überlingen aus der Vogelschau (Matthäus Merian, 1643)

Dass die **Reichsstadt Überlingen** sich zu wehren wusste, hat sie im Verlauf ihrer Geschichte mehrfach bewiesen. Schließlich galt sie als „der Schlüssel zum Bodensee". Eine See- und Landmauer mit 11 Torbauten umschloss die Stadt und 15 wuchtige Wehrtürme hielten Feinde auf Distanz. Sieben Türme ragen noch in die Höhe.

Den reizvollsten Einstieg in die Stadtbefestigung findet man im Westen der Stadt. Im Quellturm wurde um 1500 der Überlinger Sauerbrunnen gefasst. Darüber baut sich der wuchtige **Gallerturm** auf, ein runder Geschützturm von 1480. Aus beiden Rundtürmen starren kriegerische Geschützpforten heraus. Der Gallusgraben davor wurde tief in den anstehenden Sandstein herausgesprengt und -gegraben. Ihn durchzieht heute eine der Hauptattraktionen Überlingens, nämlich der gepflegte Fußweg durch den Stadtgarten mit Hirschgehege, altem Baumbestand, Rosenhecken, Kakteen und duftender subtropischer Vegetation. Nachdem der Mauerabschnitt zwischen Quell- und Gallerturm in bedenkliche Schieflage geraten war, wurde er 2005 mit 75 Edelstahlankern aufwändig saniert. Doch bietet die Stadtmauer mit

Der Gallerturm vom Ende des 15. Jahrhunderts

den beiden Rundtürmen und dem üppigen Pflanzenwuchs im Vorfeld ein wirklich malerisches Bild. Wenn wir der Mauer folgen, durchschreiten wir den schluchtartig eingetieften, schön begrünten Blattergraben, über dem sich das **Aufkirchner Tor** mit rechteckigem Turm erhebt. Die Schießscharten weisen ins 16. Jahrhundert, als hier Wallbüchsen und Musketen herauslugten. Das Glockentürmchen auf dem Dach schaut zwar friedlich aus, bimmelte aber einst für arme Sünder, die aus dem Tor heraus zur Richtstätte geführt wurden. Den nördlichsten Punkt des spätmittelalterlichen Stadtgebiets markiert der **Wagsauterturm**, der einst das Scherentor bewachte. Unter dem Mauerabschnitt Kesselbachstraße führt seit Ende des 19. Jahrhunderts der Eisenbahntunnel durch.

Vorbei am Kesselbachturm gelangen wir zum ehemaligen Wiestor beim Spitalamt. Und hier stoßen wir auf den älteren, inneren Mauerring der Stadt. Denn bis jetzt haben wir die erst zum Ausgang des 14. Jahrhunderts miteinbezogene Neustadt, das so genannte „Dorf" umrundet. Diese Neustadt unterscheidet sich stadtarchitektonisch in der Tat von dem älteren, zum See gewandten Stadtkern. Er wirkt „dörflicher" und wird durch Rebhäuser geprägt, deren Fachwerkgeschosse sich über gemauerten Weinkellern erheben. Der linker Hand (östlich) stehende **Rosennobelturm** war der nördlichste Außenposten der eigentlichen alten Stadt. Massige Buckelquader an der Außenfassade des Rosennobelhauses weisen auf eine Befestigung an dieser Stelle bereits im späten 12. Jahrhundert hin. Seine heutige Erscheinungsform einer schweren Geschützbastei stammt allerdings erst aus dem 17. Jahrhundert.

Das Obertor (Obertorgasse) ist leider nicht mehr erhalten. Dagegen prangt der weiß gekalkte **St. Johannturm** in stolzer Höhe von 37 Metern empor. 1522 wurde er an dieser gefährdeten Ecke neu errichtet und bewährte sich als Artilleriestellung beim Angriff der Schweden 1634. Dafür wurde er in der Friedenszeit mit einem spitzen Kegeldach aus Hohlziegeln bekrönt. Den östlichen Hauptzugang zur Innenstadt von Meersburg her bildete früher das Hölltor am Mantelhafen. Der wunderliche Höllen-Name weist auf den feinen Sand (Hüll oder Höll) hin, den der See hier anschwemmte. Von hier quert die Münstergasse die Kernstadt und traf auf das Christophstor im Westen, auf das heute noch ein entsprechender Straßenname hinweist.

Das Franziskansträßchen aufwärts kommen wir zum **Franziskanertor** (oder Barfüßertor), dem einzig noch erhaltenen Stadttor der inneren Stadt. Mit seiner aus dem Verputz ausgesparten Eck-

Überlingen (Gemälde von Johann Sebastian Dürr, 1809)

quaderung, dem Zifferblatt und dem spätgotischen Staffelgiebel mit Dachreiter und Glocke weist es deutlich auf die reichsbürgerliche Repräsentanz hin, die es baulich zu verkörpern hatte. Seine heutige gotische Form erhielt das Stadttor 1494.

So kleinräumig der Bereich der alten Kernstadt auf uns wirken mag – in nicht mal jeweils 10 Minuten haben wir sie kreuz und quer durchschritten –, war sie früher trotzdem noch in mehrere Rechtsbezirke unterteilt. In die Bürgerstadt mit Rathaus und Münze (Pfennigturm), in den geistlichen Münsterbezirk und in die klösterlichen Bezirke der Franziskaner (Franziskanerkirche) und Zisterzienser von Salem (Salmannsweiler Hof).

Vom Reichtum durch Wein- und Kornhandel zeugen heute noch das Rathaus mit der getäfelten Ratsstube von 1494, das Grethaus am Hafen sowie Stadthöfe und Patrizierhäuser. Die Bezeichnung Steinhaus (Steinhausgasse 3) weist darauf hin, dass Mitte des 14. Jahrhunderts die Massivbauweise noch als etwas Besonderes galt. Das Gebäude beherbergt heute die Überlinger Stadtbücherei.

Von Lokalpatrioten wird die so genannte **Gunzoburg** beim Franziskanertor mit dem alemannischen Herzog Gunzo in Verbindung gebracht, der um 600 / 640 über den Linzgau geherrscht habe. Sein Sitz sei die *villa Iburinga* (Überlingen) gewesen, die allerdings erst 770 urkundlich genannt wird. In der deutschen Volkssage heißt es, dass Gunzo seine Tochter Fridiburga dem fränkischen König Sigibert anverlobt habe.

Die heutige Gunzoburg ist ein schönes, im Baukern spätgotisches Bürgerhaus mit sehenswerter Kunstgalerie. Ihre Wechselausstellungen bedürfen des sagenhaften Herzogs nicht, um besucht zu werden. Die Ritterfigur an der Fassade stellt die Replik eines Hausheiligen dar, wie es in der Spätgotik an Hauswänden beliebt war. Die Inschrift, die ihn als „*Gunzo, Herzog von Alemannien und Schwaben*" bezeichnet, dürfen wir freilich ins romantische 19. Jahrhundert verweisen.

> Solche lebensgroßen Wandmalereien riefen bei einfacheren Gemütern früher oft gespenstische Assoziationen hervor: Die Sage berichtet vom „Geist der Gunzoburg", der – geharnischt und mit geschlossenem Visier – umhergewandelt sei und vor seinem Verschwinden zuletzt – durchaus irdisch – noch die Gattin des damaligen Hausherrn geschwängert habe!

Hingegen repräsentiert das stattliche **Reichlin-Meldegg-Haus** einen echten Patriziersitz. Die zweiflügelige, dreigeschossige Anlage wurde in ihrer noch bestehenden gotischen Form 1462 vollendet. Bauherr war der Medicus und Ratsherr Andreas Reichlin von Meldegg. Der massive Baukubus weist in seiner Burgform deutlich auf den Ritterstand des Bauherrn hin. Die aufragenden Giebel mit Schrägzinnen unterstreichen diesen Anspruch noch.

Der Patriziersitz Reichlin-Meldegg birgt heute das Städtische Museum.

1467 erhielt das Haus, das wir durchaus als Stadtpalast ansprechen dürfen, noch eine eigene, dem heiligen Luzius geweihte Hauskapelle. Ihr heutiges Interieur entstammt dem frühen Barock.

Seit 1913 ist im Reichlin-Meldegg-Haus das städtische Museum untergebracht. Volkskundlich herausragend ist die Sammlung putziger Puppenstuben aus vier Jahrhunderten. Für Museumsmuffel, die wir ja nicht diskriminieren wollen, erschließt sich von hier ein wunderbarer Blick auf Altstadt und See vom Kastaniengarten aus.
Städtisches Museum im Reichlin-Meldegg-Haus
Krummebergstraße 30, D-88662 Überlingen
Öffnungszeiten: Di bis Sa 9–12.30 und 14–17 Uhr; von April bis Oktober auch an Sonn- und Feiertagen 10–15 Uhr
T: +49/(0)7551/99-1079, I: www.stadtmuseum-ueberlingen.de.vu

Höchst bemerkenswert ist, dass die nördliche Schaufassade mit Rustika-Quadern verblendet ist. Das war damals in Florenz „up-to-date" und sollte im Sinne der Renaissance „klassisch-römisch" wirken. Wenn wir näher treten, erkennen wir auch zahlreiche eingekerbte Steinmetzeichen. Im Überlinger Reichlin-Meldegg-Haus gehen diese „klassischen" Buckelquadern mit der treudeutschen Spätgotik jedenfalls eine interessante und zukunftsweisende Symbiose ein. Nur ein paar Jahrzehnte darauf wurde nämlich das Überlinger Rathaus in ebendiesem italienischen Renaissancestil neu gestaltet. Ende des 17. Jahrhunderts erhielt der Südflügel einen prächtigen, zweigeschossigen Festsaal. Johannes Schmuzer hat ihn zusammen mit mehreren Vertretern der Wessobrunner Schule um 1700 vollendet.
Nach Überlingen passieren wir ein einzigartiges Naturschauspiel, nämlich die haushohen Molassewände, die lotrecht abfallend fast

bis ans Seeufer treten. Das weiche Gestein hatte die Menschen seit jeher verführt, sich in den Fels einzugraben und „einzuhöhlen". Schon als die Alemannen hier ankamen, fanden sie den Fels durchlöchert vor und hielten sie für **„Heidenhöhlen"**. Während des Mittelalters nisteten sich hier Eremiten und Sonderlinge ein und wurden geduldet. Viktor von Scheffel lässt in seinem Roman „Ekkehard" den 887 vom Thron gestoßenen fränkischen König Karl den Dicken in diesen Höhlen Zuflucht finden.

Doch leider entdeckten während des Zweiten Weltkriegs Rüstungsexperten, dass die Molasse gegen Bombeneinschläge relativ unempfindlich reagiere, und veranlassten 1944 den Umzug der Flugzeugfabrikation von Friedrichshafen in die bis dahin völlig unbescholtenen „Heidenhöhlen" von Überlingen. Bei der Ausfahrt aus dem Stadtgebiet erinnert uns ein Denkmal an Tausende von KZ-Häftlingen, die hier in der Endphase des Zweiten Weltkriegs Stollen für die Rüstungsindustrie in den Fels treiben mussten.

Gott sei Dank weist das romanische Sylvester-Kirchlein von **Goldbach** auf eine würdigere Epoche unserer Geschichte hin. Der kleinräumige Bau wird ins 10. Jahrhundert datiert. Die Fresken im Inneren ordnen die Kunsthistoriker der Reichenauer Schule zu.

Die paar Schritte, um beim Mesner den Schlüssel zu holen, lohnen sich allemal. Seine Anschrift steht am Kirchenportal. Für die Forderung, dafür seinen Ausweis zu hinterlegen, sollte man Verständnis aufbringen.

Sylvester-Kirche in Goldbach mit romanischen Fresken

Die Burgruine Hohenfels

Die Minnesänger-Burg über Sipplingen

Minnesänger Burkhard von Hohenfels (aus dem Codex Manesse)

Kurz vor Sipplingen zweigt der Radweg in die Uferhänge ab und führt quer durch Obst- und Streuwiesen. Im Ort verspricht ein Wanderweg eine Gaststätte hoch droben auf dem Haldenhof. Wir sollten dem Fußweg, der überdies von informativen geologischen Informationstafeln gesäumt ist, folgen, denn er führt vorbei an der einstigen Burg des Minnesängers Burkhard von **Hohenfels**. Seine Lebensdaten schwanken zwischen 1191 und 1229 beziehungsweise 1216 und 1242. In der berühmten Heidelberger Liederhandschrift (Codex Manesse, Blätter 110 bis 113) von 1305 ist dieser Herr zusammen mit einer edlen Dame als Ritter bildlich dargestellt und wird als Dichter von 18 Minnegesängen gerühmt. Sein Gedicht: *„Die Arme und die Reiche"* berührt ein ewiges Thema.

In mehreren Serpentinen geht es von Sipplingen aufwärts, bis ein Seitenstrang zur Burgruine Hohenfels führt. Die Fundamente lassen auf einen Wohnturm von 10 mal 14 Metern Grundfläche schließen. Zwar ist nur noch wenig Mauerwerk vorhanden, doch können wir die Lage der Burg auf einer Felsnase 200 Meter hoch über dem See noch gut nachvollziehen. Der in den Hang künstlich eingeschachtete Burgweg und der Burggraben, der den Burgplatz vom höher gelegenen Haldenhof abteilt, sprechen für eine durchaus herrschaftliche Höhenlage. Auf künstlich eingeebneten Plateaus am Südhang gegen den See finden sich noch weitere Spuren von Bebauung. Auf älteren Darstellungen erscheint Ho-

Reste der Burg Hohenfels

Die Ruine Hohenfels im 19. Jahrhundert

henfels als frei stehender, imposanter Turm mit weitem Blick über den See. Heute ist der Burgberg von dichtem Wald bedeckt.

Die Hohenfelser waren Ministeriale der Konstanzer Bischöfe. Nach 1300 sahen sie sich allerdings gezwungen, ihr Bistumslehen an die Grafen von Württemberg, die Stadt Überlingen oder das Bistum Konstanz zu veräußern. Zudem verloren im 15. Jahrhundert solche Höhenburgen generell ihre Funktion. Als Hohenfels anno 1479 in den Besitz des Spitals von Überlingen überging, war das Schicksal der Burg als Bauwerk besiegelt und wurde dem Zerfall überlassen. Aus dem Jahr 1641 ist der Zusammenbruch des Burggebäudes überliefert. Als Burgname hat sich auch die Bezeichnung Alt- oder Nieder-Hohenfels (so heißt noch heute der ehemalige Bauhof am Fuß des Bergsporns) eingebürgert. Der etwas höher gelegene Wirtschaftshof der Burg, der **Haldenhof,** überlebte hingegen und prosperiert bis heute – und wie! Der Wanderweg von Sipplingen leitet uns unmissverständlich hinauf. Das Höhengasthaus bietet aber auch wirklich einen herrlichen Ausblick auf See, Bodanrück und das gesamte Schweizer Alpenpanorama. Aber nur die ausgehöhlte Burkhardslinde, ein Naturdenkmal, erinnert noch an die historische Beziehung des Haldenhofs zur na-

> Das Schloss Neu-Hohenfels liegt östlich von Stockach über dem Ort Mahlspüren. Es wurde im 13. Jahrhundert von einer jüngeren Familienlinie erbaut und im 20. Jahrhundert zu einem Schulgebäude umgewandelt. Heute dient es der Schlossschule Salem als Internat. Als solches ist es nicht zu besichtigen.

Der Fußweg von Sipplingen zur Burgruine Hohenfels ist steil, aber in einer Viertelstunde zu schaffen. Von dort geht es, unvermindert steil empor, weiter in 10 Minuten zur Gaststätte Haldenhof.

Mit dem Auto ist der hoch gelegene Haldenhof von Sipplingen aus nicht erreichbar! Wer von Westen, von Überlingen kommt, sollte bei Goldbach die Straße Richtung Hödingen und Nesselwangen einschlagen. In Bonndorf zweigt dann die Stichstraße zum Haldenhof ab. Auch von Ludwigshafen führt die Straße nach Bonndorf und von dort weiter zum Haldenhof. Der schönste Wanderweg zum Haldenhof nimmt seinen Ausgang an der Kirche zu Ludwigshafen. Durch eine Waldschlucht geht es zunächst bergauf zum „Felsenkessel". Den weiteren Terrassenweg begleitet immer das Panorama auf See, Bodanrück und Schweizer Berge. Durch Hochwald erreicht man zuerst den Buohof und dann den Haldenhof (insgesamt eine gute Stunde).

Höhengasthaus Haldenhof, D-88662 Überlingen-Bonndorf
T: +49/(0)7773/5613, I: www.gasthaus-haldenhof.de

hezu vergessenen Burgruine Hohenfels. Unter ihren Zweigen soll der Minnesänger zu seinen Dichtungen angeregt worden sein. Das klingt jedenfalls glaubhafter als die Minnesängerstube im Haldenhof, der wir aber trotzdem einen Besuch abstatten sollten.

Auf einem markierten Wiesenpfad lassen sich in 10 Minuten die über dem Haldenhof liegenden Steinbalmen erreichen. Es handelt sich um übermannsgroße verwitterte Trümmer und Säulen aus Sandstein und Nagelfluh, die malerisch in der Landschaft liegen.

Die Volksfantasie hat die eigenartigen Steingebilde schon immer mit versteinerten Helden der Vorzeit in Verbindung gebracht. Viktor von Scheffel lässt hier im „Ekkehard" die letzte Heidenpriesterin hausen.

Von den Felsenkanzeln bietet sich wieder ein prächtiger Tiefblick auf den Überlinger See. Folgt man dem Wanderweg vom Haldenhof weiter Richtung Hödingen, kommt man an der **Burghalde**, einer bewaldeten Sandsteinkuppe, vorbei. Wenige verwitterte Mauerreste eines Turms künden dort von der Burg **Hünenberg**. 1171 wurde sie als Sitz eines Ministerialen des Klosters Reichenau urkundlich erwähnt. 1494 ging ihr bereits verlassener Burgplatz in den Besitz verschiedener Adelsgeschlechter der Umgebung über. Seither wird das Gelände Burghalde oder Haldenburg genannt.

Von Sipplingen erreicht man die Burghalde in etwa 20 Minuten auf einem Wanderweg vorbei an Steingruppen („Halden"). Er führt weiter Richtung Hödingen. Ein Naturerlebnis für sich ist der Hödinger Tobel, eine wildromantische Felsschlucht, die durch Treppen und eine Eisenleiter erschlossen ist. Von dort gelangt man nach Goldbach und zu den Heidenhöhlen.

Die Nellenburg über Stockach

Ein Stück Vorder-Österreich

Bei Ludwigshafen ist das Ende des Überlinger Sees erreicht. Das Städtchen hieß früher Sernatingen. 1826 wurde es mit Hafen- und Zollanlagen ausgestattet und sollte dem Großherzogtum Baden als Zugang zum Bodensee dienen. Nach dem damals in Baden regierenden Herzog wurde es Ludwigshafen genannt. Von hier empfiehlt sich ein Abstecher nach Stockach.

Die in einem ehemaligen ovalen Mauerring liegende Stadt wurde im 13. Jahrhundert von den Grafen von **Nellenburg** gegründet. 1465 wurde sie durch Kauf habsburgisch und diente bis 1805 als Verwaltungs- und Gerichtssitz der österreichischen Landgrafschaft Nellenburg, die den größten Teil des Hegaus samt Radolfzell und Engen umfasste.

Die Bodenseekarte des Johann Georg Tibianus von 1578 zeigt die Nellenburg noch als stolzes Hochschloss inmitten des Hegaus.

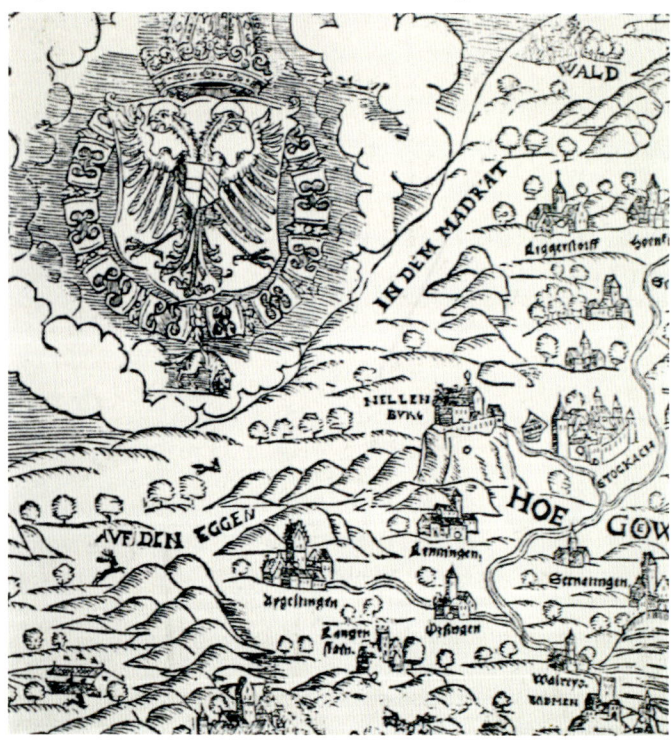

„Bollen"-Mauerwerk auf der Nellenburg über Stockach

Die Grafenburg liegt zwei Kilometer östlich auf einem 130 Meter hoch aufragenden Bergsporn. Die Nellenburger waren ursprünglich im Zürichgau beheimatet und gehörten zu den alemannischen Hochadelsgeschlechtern, die eng mit Zähringern und Habsburgern verwandt waren. Ein Graf Eberhard, „der Selige" wird in der zweiten Hälfte des 11. Jahrhunderts im Hegau als Besitzer einer Burg beurkundet.

Die Nellenburger Burganlage dürfte auf die Übernahme der Grafschaft durch das Adelsgeschlecht der Veringer um 1170 zurückzuführen sein, die sich aber ebenso Grafen von Nellenburg nannten. Unter König Albrecht I. von Habsburg (1282–1308) wurde die Nellenburg belagert. Dabei soll ein Turm unterminiert und umgestürzt worden sein. Die späteren Nellenburger Grafen arrangierten sich aber mit dem Haus Österreich. Mangold II. von Nellenburg erhob die Burgsiedlung Stockach zur Stadt. Im Jahr 1465 geriet die Landgrafschaft in den direkten Besitz Österreichs. Als Vertreter der habsburgischen Interessen war sie in häufige Konflikte mit der eigensinnigen Hegauer Ritterschaft verwickelt. Diese typischen Adelskonflikte des ausgehenden Mittelalters versuchte man aber immerhin mit Verträgen zu lösen. Die kriegerischen Eidgenossen hingegen zogen gleich vom Leder und belagerten 1499 Stockach. Dabei wurden sie von der Nellenburg aus mit Geschützkugeln beschossen.

Das Ende der mittelalterlichen Burg erfolgte gegen Ende des Dreißigjährigen Krieges, als die Nellenburg zusammen mit etlichen anderen Burgen im Umkreise des Hohentwiel von Truppen Konrad Widerholts *„gebrochen"* wurde. *„Verderbt und ruiniert"* wurden

Das ehemalige Gutswohnhaus auf dem Platz der Vorburg ist heute eine beliebte Ausflugsstätte.

1642 allerdings nur die kriegswichtigen Mauern und Bastionen. Die Wohn- und Verwaltungsgebäude wurden wieder aufgebaut. Die Kernburg verfügte nach einer Beschreibung aus dem Jahr 1721 über einen Innenhof mit der St.-Sebastians-Kapelle zum Eingang hin und weiter über ein Brunnenhaus, neun Kammern, zwei Küchen, sieben Stuben, drei Keller und ein Gewölbe. Nach dem Umzug der österreichischen Verwaltung ins Amtshaus, das Landvogteigebäude, zu Stockach im 18. Jahrhundert lagen die Burggebäude ungenutzt da. Der Abbruch der noch stehenden Bauten wurde nach Weisung der vorderösterreichischen Regierung 1782 in Gang gesetzt.

Im Gutswohnhaus auf dem Platz der Vorburg besteht seit 1926 eine beliebte Ausflugsstätte, das „Höhengasthaus Nellenburg".

Eine Informationstafel klärt über die Geschichte des Platzes auf und

> Von Stockach aus weisen Schilder zur „Höhengaststätte Nellenburg", die über eine Fahrstraße zu erreichen ist. Die Gaststätte nimmt den Platz der ehemaligen Vorburg mit Wirtschaftsgebäuden ein. Von dort führt ein kurzer Spazierweg ins Innere der ehemaligen Burg.
> Höhengasthaus Nellenburg, D-78333 Stockach
> T: +49/(0)7771/2403

weist auf den „Hegauer Burgenweg" hin, der hier verläuft. Die Kernburg wird noch von Mauerresten gesäumt. Die steinerne Achteckformation inmitten des Burgareals ist zwar aus alten Quadern zusammengefügt worden, diente aber als Fundament eines Aussichtsturms, der zu Beginn des 20. Jahrhunderts hier aufgerichtet wurde. Wegen des dichten Baumbestandes ist die Sicht vom Burgberg derzeit leider etwas eingeschränkt.

WO DER
BODENSEE SEINEN
NAMEN EMPFING:

BODMAN UND
DER BODANRÜCK

Die Bodmaner Burgen

Der rettende Kochkessel

Nach Ludwigshafen zweigt die Radroute durch sumpfiges Gelände in Richtung **Bodman** ab. Wer sich je gefragt hat, woher der Name „Bodensee" eigentlich stammt, erhält hier eine einleuchtende Erklärung: Namengebend war die karolingische Königspfalz Bodoma oder Potoma des 8. Jahrhunderts, nach welcher der See im Latein der Urkunden *Lacus Potamicus* und deutsch „Bodamer See" genannt wurde.

Seit nunmehr 800 Jahren ist die Geschichte der Adelsfamilie Bodman mit der Landschaft um den Überlinger See verbunden. Ihre Stammburg war **Hohenbodman** bei Owingen nördlich von Überlingen.

Nachdem ihnen die Staufer die alte Königspfalz Bodman übergeben hatten und sie unter Kaiser Rudolf von Habsburg 1277 sogar Pfandbesitz geworden war, verkauften die Bodmaner 1282 ihren Stammsitz an den Konstanzer Bischof und verlegten ihren Hauptsitz nach Bodman.

> Die Burg Hohenbodman erhebt sich über der Salemer Ache. Sie wurde 1642 im Dreißigjährigen Krieg zerstört. Von der Burg ist noch der eindrucksvolle runde Bergfried mit 37 Metern Höhe erhalten. Er dient heute als besteigbarer Aussichtsturm (141 Stufen). Seine weiß gekalkte Mauer hat ihm den Namen „Mehlsack" eingebracht. Hohenbodman ist von Überlingen über Owingen erreichbar. Ein Wanderweg führt von Überlingen über Lugenhof in etwa zwei Stunden auf die Burg.

Frauenberg (links) und Alt-Bodman hoch über Bodman (Stahlstich von 1850)

Blick von Alt-Bodman über Frauenberg auf den Überlinger See

In ihrem neuen Wohnort am See erbauten sich die Herren von Bodman die 1296 erstmals beurkundete „*nuewe Burch ze Bodemen*" hoch über dem Ort. Über diese Burg brach am 16. September 1307 eine schreckliche Katastrophe herein, als die gesamte Familie beim Gastmahl saß. Ein Blitz schlug in den Saal ein und tötete die Anwesenden und der nachfolgende Feuersturm äscherte die Burg vollends ein. Nur einer entkam, der allerjüngste Bodman-Sproß: Die schon von Flammen umgebene Amme hatte ihn in einen Bronzekessel gesteckt und zum Fenster hinausgeworfen. Der Knabe überlebte und mit ihm die Dynastie. Erschüttert von dem Ereignis überließen die Herren von Bodman den Platz der abgebrannten Burg dem Zisterzienserkloster Salem, das hier eine Marienkapelle errichten ließ. 1309 wurde das Gotteshaus geweiht und entwickelte sich zum beliebten Wallfahrtsort „**Zur Kapelle Maria Bodman auf dem Frauenberg**". 1611 entstand der heutige Kirchenbau mit dem angebauten Schlösschen und wappengeschmücktem Staffelgiebel. In der Kapelle erzählen Ölbilder von der Geschichte des Unglücks und der Stiftung der Liebfrauenkapelle. Die Lage auf dem steilen Bergkamm 200 Meter über See und Ort erinnert noch deutlich an die mittelalterliche Höhenburg.

Der Wanderweg führt in einer knappen Stunde durch den Hirschpark und Mischwald zum Frauenberg hinauf. Wir passieren dabei die Bildsäulen des Kreuzweges und die Gedenksäule, die an den Burgbrand von 1307 erinnert. Sie steht an der Stelle, wo der „*eherne Kessel*" mit dem überlebenden Stammhalter gefunden wurde. Frauenberg wird gegenwärtig von der katholischen Gemeinschaft Agnus Dei genutzt. Die Kapelle kann besucht werden. Von Mai bis September wird jeden Donnerstag um 8.00 Uhr ein Wallfahrergottesdienst gefeiert.

Romantische Ansicht von Alt-Bodman und Frauenberg

Als neuen Burgsitz erwählte sich Johann „der Gerettete" eine noch etwas höher aufragende Felskuppe landeinwärts vom Frauenberg und von diesem durch eine tiefe Schlucht geschieden. Der Name **Alt-Bodman** dürfte auf diese ausgesetzte Lage (*altus* = hoch) hinweisen. Um 1320 war der erste Bau vollendet. Es han-

So präsentiert sich die Burgruine Alt-Bodman den heutigen Besuchern.

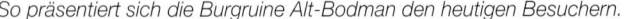

delte es sich um ein voluminöses Turmhaus, dessen Außenmauer zur Feldseite hin bogenförmig vorsprang. Also eine kleinräumige, aber kompakte und feste Anlage. 1499 griffen die Schweizer die Burg vergeblich an, beschädigten sie aber doch so, dass sie wiederaufgebaut werden musste. Der Wohnturm wurde weiter aufgestockt und mit Schießscharten versehen.

Die fünfgeschossige Westwand hat sich noch in voller Höhe erhalten. Um die Burg wurde ein Zwinger gelegt, dessen drei halbrunde Ecktürme noch zu erkennen sind. In der Endphase des Dreißigjährigen Krieges legten 1643 französische Truppen, die in Überlingen lagerten, nach einem Zechgelage Feuer. Die ausgebrannte Burg wurde nicht wieder aufgebaut. Die gräfliche Familie und Verwaltung nahm ihren Sitz zuerst in Espasingen und dann ab 1760 im noch bestehenden Herrenhaus in Bodman.

Zur Ruine Alt-Bodman gelangt man in einer knappen Stunde vom Ort in Kehren und einen Hohlweg aufwärts. Seitdem das Burgareal 1997 von störendem Pflanzenbewuchs befreit worden ist, präsentiert sich die Burgruine als weithin sichtbare Landmarke. Ihre Aussichtsterrasse bietet auch wieder einen schönen Tiefblick. Nach einigen Jahren der Sperrung wegen akuter Baufälligkeit wird die Ruine bis 2009 endgültig saniert und ohne Einschränkung betretbar sein. Frauenberg und Alt-Bodman sind durch das Wandernetz Bodanrück verbunden und können auch von oben her, vom Wanderparkplatz an der Straße zum Bodenwaldhof, erreicht werden.

Das neue **Herrenhaus Bodman** im Ort ist eine spätbarocke bzw. klassizistische Villa, die zu Beginn des 20. Jahrhunderts noch historizistisch überarbeitet wurde. In ihr wird übrigens oben genannter Kessel aufbewahrt. Als Sitz der gräflichen Familie steht das Schlösschen nicht zur Besichtigung. Hingegen darf man den terrassenförmig angelegten Park werktags durchwandern. Der Seeblick vom gusseisernen Belvedere-Pavillon ist ein beliebtes Motiv. Malerisch wirkt das Bodmaner **Seetor** in den Grünanlagen an der Uferpromenade. Das Torhaus mit Wappenbemalung und windschiefem Fachwerkanbau stellt einen Teil der spätmittelalterlichen Ortsbefestigung dar.

Burgruine Kargegg

Vom Dickicht verschluckt

Von Bodman führt ein Wanderpfad in eineinhalb Stunden entlang des bewaldeten und mitunter schroff abfallenden Hochufers des Sees, vorbei am felsigen Teufelstal, zur Burgruine **Kargegg**. Ihre Lage an der wilden Marienschlucht darf man als wirklich einmalig bezeichnen. Eine romantische Kulisse einer Ritteroper könnte es nicht besser abbilden: Abschüssig und steil senkt sich die Klamm 100 Höhenmeter zum glitzernden See hinunter und darüber hockt die

Ehemaliger Wohnturm der Burgruine Kargegg

Ruine, umstanden von düsteren Bäumen, und steht im Zwielicht, auch wenn hellster Sonnenschein den See bestrahlt.

Im 13. Jahrhundert war die Burg Egg Sitz der sanktgallischen Ministerialen derer von Möggingen. Zu Beginn des 15. Jahrhundert ging die Herrschaft an eine Reihe Konstanzer Patrizier über, welche den Wohnturm nach und nach im Stil der Zeit gotisch umbauen ließen. In dieser Zeit taucht auch der Name „*Auf der kargen Egg*" auf. 1441 war die Burg Schauplatz einer Adelsfehde, in deren Verlauf sie überfallen und der Burgherr verschleppt wurde. 1456 gab es Händel mit der Stadt Überlingen, die sich den Zugang in die Burg erzwang. Im Jahre 1502 erwarben die Herren von Bodman die Burg, die sie heute noch besitzen. 1525 setzten ihr die aufständischen Bauern den „roten Hahn" aufs Dach. Danach blieb Kargegg unbewohnt und zerfiel. Wald und Gebüsch, die im Mittelalter immer sorgfältig weiträumig um die Burgen herum gerodet wurden, eroberten den Platz zurück und überwucherten die verstürzten Mauerreste.

Aufrecht steht noch eine massive Sandsteinwand des vierstöckigen Turmhauses, das die Hauptburg gegen die Vorburg direkt über dem Halsgraben abdeckte. Das aus Sandsteinblöcken und Seekieseln gefügte Mauerwerk ist über zwei Meter stark. In den oberen Stockwerken durchbrechen Lichtschlitze und Fensteröffnungen die Wände. Ganz oben haben sich noch Zinnen erhalten.

Die **Marienschlucht** wurde übrigens erst 1897 gang- und passierbar gemacht. Vorher bestand offensichtlich kein Zugang vom See hinauf zur Burg. Die Schlucht erhielt ihren Namen nach einer Angehörigen der gräflich Bodman'schen Familie.

2005 wurden die Steige und Treppen durch einen gewaltigen Erdrutsch zerstört, sind aber mittlerweile wieder repariert. Achtung: Die Uferwege am See sowie die Marienschlucht mit ihren 260 Stufen sind ausschließlich Fußgängern vorbehalten!
Die frei zugängliche Ruine ist auch vom Wanderparkplatz Langenrain in einer knappen Viertelstunde zu erreichen.

Ehedem bestand Sichtverbindung mit der jenseits des Überlinger Sees emporragenden Burg Hohenfels. Aus solchen Beziehungen sind immer wieder Sagen von Junkern (Söhne adeliger Grundherren) und Burgfräulein entstanden, die nicht zueinander kommen sollten. So habe auch auf Kargegg ein Mägdelein ihrem gegenüber auf Hohenfels wartenden Geliebten nächtens mit einem Fackelschein den Weg durch den See zu ihr weisen wollen. Als das Licht durch aufkommende Nebelschwaden verdeckt wurde, ertrank der Jungmann.

In **Langenrain** selbst ist das Bodman'sche Schloss bemerkenswert. Es wurde, wie eine Wappentafel über der Freitreppe und dem Portal verkündet, 1686 vollendet. Als besonders berichtenswertes Ereignis erscheint in der Schlosschronik, dass hier während der Badener 1848er- und 1849er-Revolution „*aufständische Trinkgelage*" stattgefunden hätten.

Der schlichte, zweistöckige Barockbau beherbergte von 2001 bis 2006 das Institut für Weiterbildung der Fachhochschule Konstanz. Seither wird es privat genutzt und ist nur mehr von außen zu besichtigen

Von der Marienschlucht führt der Wanderweg weiter Richtung Wallhausen und Dingelsdorf. Gleich ob wir den Uferpfad entlang des Kiesstrands oder den durch den Wald verlaufenden Wanderweg am Hochufer einschlagen, kommen wir an den kleinen **Dettinger Burgen** vorbei. Alt- und Neudettingen bildeten ehemals eine bauliche Einheit aus Vor- und Hauptburg, die durch einen tiefen, noch heute 18 Meter breiten Abschnittsgraben unterteilt war.

Die Dettinger waren ursprünglich Reichenauer Dienstmannen. Ihr berühmtester Vertreter war der Minnesänger Heinrich von Dettin-

Das Bodman'sche Schloss in Langenrain

gen, dessen dichterisches Wirken zwischen 1236 und 1300 mehrfach belegt ist. In der Manesse'schen Liederhandschrift ist er als „Heinrich von Tettingen" zu Pferde und mit Wappen (eine Sichel) abgebildet. Seine Burg kam 1365 und vollends 1405 in den Besitz des Deutschen Ordens, der ja auf der nahen Insel Mainau residierte.

Die ehemalige Vorburg erlebte sodann einen Ausbau mit dem noch erhaltenen spätgotischen Staffelgiebel. 1642 erschienen württembergische Truppen vom Hohentwiel und machten die Burg vorsorglich „militärisch unbrauchbar". Nur die so genannte Neue Burg – der Burghof – wurde als Amtssitz wieder aufgebaut. Das dreigeschossige Gebäude dient heute als Forstamt und Wohnbau. Von der alten Hauptburg ist noch eine sechs Meter hohe Ruine des Turmhauses mit Umfassungsmauern zu sehen.

Minnesänger Heinrich von Dettingen (aus dem Codex Manesse, um 1330)

Auch vom Wanderparkplatz an der Straße Dettingen–Wallhausen gelangt man zum Burgbereich. Die Ruine Alt-Dettingen ist frei betretbar. Wenn man in den Amtsbereich des Forstamts Neu-Dettingen (unter „Burghof" besser bekannt) nicht allzu forsch mit dem Auto eindringt, reagieren die Forstleute nicht ganz so grantig.

Auf der Insel Mainau

Rotes Schloss im Blütenmeer

Die ehemals schwer befestigte Insel Mainau ist heute ein Publikumsmagnet im Bodensee.

Das Eiland war schon sehr früh in den Besitz der Abtei Reichenau gelangt. Doch bis ins 13. Jahrhundert spielte sich dort nichts ab, was den Chronisten als besonders erwähnenswert erschienen gewesen wäre. Ein Ministerialengeschlecht „von Maginowe" wird 1242 genannt. Ihre Burg wird auf dem höchsten Punkt der Insel,

Die Sage geht von einem unglücklichen Liebespaar aus: Ein Edelfräulein von Bodman liebt den Ritter Hugo von Langenstein, einen Reichenauer Gefolgsmann. Doch dieser zieht ins Heilige Land und gerät dort lange Jahre in Gefangenschaft. Als er sich und seine Braut „dem Dienste Gottes weiht", kann er fliehen, erfüllt aber sein Gelübde und tritt dem Deutschen Ritterorden bei, der ihn gleich ins Preußenland schickt. Die Jungfrau hört von seiner glücklichen Rückkehr und schenkt ihre Insel Mainau dem Deutschen Orden unter der Bedingung, dass Hugo dort Komtur (das heißt Verwalter) wird. Das geschieht. Sie selbst „entrückt": *„Niemand weiß mehr, wohin sie ging und wo sie ihre Lebenstage verbrachte. Aber die Sänger priesen ihre edle Tat auf allen Burgen des deutschen Landes."*
Hugo von Langenstein scheint tatsächlich in der Liste der Mainauer Ordensbrüder auf. 1293 vollendete er seine Legendendichtung „Martina" zu Ehren der gleichnamigen Märtyrerin.

wo sich heute das Schloss erhebt, gestanden sein. Ärger gab es, als einer dieser Reichenauer Lehensmannen die Mainau an den Deutschen Orden schenkte. Dies führte zuerst zu einer Fehde mit dem Reichenauer Konvent, doch dann, 1272, zum Vergleich.

Die Insel ging also in Ordensbesitz über. Und damit änderte sich die Situation auf der Insel schlagartig! Der **Deutsche Ritterorden** repräsentierte schließlich eine der mächtigsten, adelsstolzesten und nicht zuletzt reichsten Institutionen im Reich. Seine Besitztümer erstreckten sich über ganz Europa. Im Nordosten, in Ostpreußen und im Baltikum, hatten sich die Ordensritter ein eigenes Staatswesen geschaffen. Im Reich selbst verwalteten sie mehrere *Balleien* (Ordensprovinzen), die sich ihrerseits aus *Komtureien* zusammensetzten. Mainau wurde zum Sitz eines Komturs innerhalb der wohlhabenden Ballei Elsass-Burgund bestimmt.

> Die Insel Mainau ist ein Publikumsmagnet des Bodensees – und das zu Recht. Viele wissen das! Daher sollten wir uns nicht wundern, dass wir als Besucher dort nie allein sein werden.

Die Ritter, allesamt dem deutschen Hochadel entstammend, machten sich umgehend daran, ein ihrem Rang und Selbstverständnis entsprechendes Bauwerk auf der Insel zu errichten: die Ordensburg Mainau. Der sich etwa 40 Meter über dem Wasserspiegel erhebende Hügelrücken im Nordosten der Insel bot sich dafür an. Merkwürdigerweise sind wir weder durch schriftliche Nachrichten noch durch zeitgenössische Abbildungen besonders gut über diese Burganlage unterrichtet – obgleich der Orden sicher die besten Baumeister der Zeit zu Rate gezogen hat und die Burg im damals zukunftsweisenden gotischen Stil erbaut wurde. Eine Zeichnung von 1449 zeigt eine wehrhafte Anlage mit Türmen und Zinnen und dem Hafen an der gleichen Stelle wie heute.

Ein Relikt des Mittelalters ist der wuchtige, fast bunkerartig wirkende quadratische „**Comturey-Turm**" direkt über dem Hafen. In seiner Grobschlächtigkeit und inneren Finsternis will er so gar nicht zum heiteren Barock des Neuen Schlosses passen. Seine Funktion erscheint allerdings nicht ganz klar. Man hat in ihm sogar schon den Bergfried des stauferzeitlichen Vor-Ordensbaus vermutet, doch spricht seine an den Hang geduckte, überhaupt nicht herausragende Lage dagegen. Diente er vielleicht der Verbindung vom Hafen zum Hochschloss, z. B. vermittelst eines mit Laufrad betriebenen Aufzugs, über den Lasten nach oben transportiert werden konnten? Seine unterirdischen Gewölbe reichen tief in den anstehenden Sandstein hinein. Heute ist im Turm der originelle Comturey-(Wein-)Keller untergebracht. Oben sitzen sonnenhungrige Ausflügler.

Gegen die Mitte des 16. Jahrhunderts erfolgte ein Umbau zur Festung. Vielleicht spielte die Reformation dabei eine Rolle, die den Orden in den weltlichen und reformierten preußischen Teil und die katholisch verbliebenen Balleien in Süddeutschland gespalten hatte, zu denen die Komturei Mainau weiterhin gehörte. Konstanz war schließlich evangelisch geworden und auch die unruhigen Schweizer gingen zur Reformation über. Das Wüten der Bauern auf der Insel im Mai 1525 verstärkte die Verteidigungsanstrengungen noch. Um 1600 war die Festung auf der Mainau fertig gestellt. Wälle und Schanzen folgten der gesamten Uferlinie rund um die Insel. Das Hochschloss wurde gegen die flachere Südwestseite von einem äußeren Graben und einer Umfassungsmauer mit dahinter aufgeschüttetem Wallplateau weiträumig umgeben. Der ovale innere Insel-Rundweg folgt dieser ehemaligen Ummauerung. Eng um die Ordensburg legte sich sodann die alte Ringmauer, die mit Türmen verstärkt war.

Von dieser neuzeitlichen Befestigung des 16. Jahrhunderts hat sich noch der dreigeschossige **Gärtnerturm** erhalten, eine wuchtiges Geschützrondell, dem im 19. Jahrhundert ein mehreckiges Dachgeschoss aufgesetzt wurde. Der Turm sicherte den Torzugang. Heute wird in den einstigen Kanonenkammern eine Multivisions-Show, „Natur und Kultur am Bodensee", gezeigt. Die duftenden Rosenrabatten im Umfeld mildern seinen kriegerischen Eindruck erheblich.

Der runde **Schwedenturm** diente der Beobachtung des Festlands gegen den Bodanrück hin. Die an der Fassade lesbare Jahreszahl 1558 dürfte sich auf die Renovierung oder Erhöhung eines älteren Wartturms beziehen. Den fantastischen Holzaufbau mit Dachhelm erhielt der Turm im 19. Jahrhundert. Auch das gedrungene Torhaus mit den zwei Durchgängen, das heute noch in den inneren Schlossbereich führt, geht auf das 16. Jahrhundert zurück.

Der „Schwedenturm" erinnert an den Dreißigjährigen Krieg.

Schloss des Deutschen Ritterordens

1632 bestand die Mainauer Festung die erste Feuertaufe – und zwar glänzend. Kein Wunder, hatte der Komtur doch 600 Söldner hier zusammengezogen und genügend Munition gebunkert, um die herannahenden schwedischen Schiffe mit einem Kugelhagel zu empfangen. Die Schweden drehten bei und gaben auf. Doch noch sollte der Krieg 16 Jahre dauern. 1647 rückten die Schweden unter ihrem berüchtigten General Wrangel noch einmal an, und diesmal besser vorbereitet. Von Meersburg aus stachen 17 mit Musketen ausgestattete Segelschiffe in See. Sieben Schiffe hielten mit ihrem Feuer die diesmal nur 40 Mann zählende Burgbesatzung in Schach. Zehn Schiffe landeten und brachten Truppen und Geschütze auf die Insel. Mainau kapitulierte.

Bis 1649 lastete die schwedische Besatzung auf der Insel. Dann zog sie ab, nicht nur, weil es der geschlossene Friedensvertrag, der so genannte Westfälische Friede, so vorsah, sondern weil es nichts mehr zu plündern, abzureißen oder zu verfeuern gab. Die Legende will, dass die Schweden zuletzt auch noch eine bronzene Kreuzigungsgruppe (eine Arbeit von 1577) zum Zwecke des Einschmelzens herauszureißen versuchten. Doch gelang ihnen das trotz zwölf Paar Zugpferden nicht. Die Bevölkerung wertete dies als das Wunder und stellte das „Schwedenkreuz" am Eingang zur Insel auf, wo es noch heute prangt.

Auch wenn der Ritterorden im 18. Jahrhundert seine geistliche Aufgabe längst verloren hatte und sein mönchisches Leben zur Farce entartet war, bestand die Komturei weiterhin auf höfischer Repräsentation und glanzvoller feudaler Selbstdarstellung. Dem

Die barocke Schlosskirche Mainau

dienten Pläne zum vollständigen **Neubau eines Schlosses** auf der Insel. 1732 begann man mit den Arbeiten, die 1746 im Wesentlichen fertig gestellt waren.

Entstanden ist ein lichtes Barockschloss, das eine gelungene Kombination aus Herrschaftsarchitektur, Komfort und Zweckbau darstellt. Die dreiflügelige, dreistöckige Anlage umschließt einen dezenten Ehrenhof. Nur der Mittelpavillon zeigt Anklänge barocken Prunks, wobei ausladende Wappenreliefs und ein energisch gezacktes Gesims ins Auge fallen. Die Seitentrakte wirken eher nüchtern. Der zartrosa Außenanstrich, heute noch ein Markenzeichen des Schlosses, dürfte noch auf die Konzeption des Baumeisters Johann Kaspar Bagnato zurückgehen. Wappensaal im Erdgeschoss und „Weißer Saal" im Obergeschoss des Hauptgebäudes erstrahlen im Rokokoglanz und wurden im 19. Jahrhundert erneuert.

Die separat neben dem Schloss stehende Marienkirche empfing ihre Weihe im Jahr 1739. Im Inneren dominiert barocke Farbigkeit und Bewegtheit. Wie auf einer Bühne ist das Zentralthema, die Himmelfahrt Mariens, inszeniert.

Etwas unübersichtlich gestalten sich die Besitzverhältnisse nach der Aufhebung des Ordens in der Säkularisation von 1805. Im Jahr 1853 erwarb Großherzog Friedrich von Baden Schloss und Insel und begann mit der Anlage eines **Landschaftsparks** mit Rosengarten, exotischen Gewächsen und dem **Arboretum**, einer Baumsammlung von 500 Arten aus allen Kontinenten. Alle seine Nachfolger und Nachfolgerinnen auf Mainau widmeten sich (und

Mitten im Bodensee blühen mediterrane Gärten, hier der italienische Rosengarten.

widmen sich weiterhin) dem Gartenbau und verwandeln die Insel zu einem „Blumen- und Blütenmeer im See". Über die badische Adelslinie kamen mit der schwedischen Königin Viktoria 1924 erneut die Schweden, das Geschlecht der Bernadottes, auf die Insel – allerdings in höchst friedlicher und diesmal rundum willkommener Absicht!

Schlosskirche St. Marien

Zur – auto- und fahrradfreien – Insel führt eine 120 Meter lange Brücke, vorbei am vorher genannten Schwedenkreuz. Die Parkplätze befinden sich auf dem Festland. Das Schloss bleibt als Privatbesitz der Lennart-Bernadotte-Stiftung in der Regel dem Publikum verschlossen und ist nur zu besonderen Anlässen (Konzerte, Empfänge, Ausstellungen) zugänglich. Die Kirche ist hingegen geöffnet. Ansonsten steht der gesamte 45 Hektar große „schwimmende Garten" Spaziergängern das ganze Jahr über von Sonnenaufgang bis Sonnenuntergang offen.
I: www.mainau.de

DER GNADENSEE
WINKT:

„DARIN DIE
REICHE OWE"

Wasserburg Möggingen

Von Federvieh umflattert

Vom Scheitel des Bodanrücks geht es zügig bergab auf den Gnadensee zu. Bei Möggingen liegt hinter dichtem Baumbestand und Buschwerk die gleichnamige Wasserburg inmitten eines von Seerosen bedeckten Teichs. Richtig verwunschen wirken ihre von Pflanzen aller Art überrankten Mauern. Im Burghof watschelt, flattert und krakeelt allerlei Federvieh. Kommt man zur rechten Zeit, wirft der Schwarzstorch auf dem Torturm seinen Hals zurück und klappert.

Die Burg Möggingen erscheint zwar erst 1363, 1367 und 1378 in den Urkunden, ist aber nach ihrer Bauform zu schließen sicher älter und entstammt wie die umliegenden Burgen dem hohen Mittelalter. Die Erbauer waren Lehensträger des Klosters St. Gallen. Das Lehen wurde im 14. Jahrhundert von den benachbar-

Die Burg dient als Vogelschutzwarte und wissenschaftlicher Beobachtungsposten der Max-Planck-Gesellschaft für Verhaltensforschung. Seit 1946 übernimmt sie die Aufgabe der Vogelwarte Rossitten im ehemaligen Ostpreußen. Hier werden Zugvögel beringt oder mit Mikro-Sendern versehen, um ihre Bewegungen über die Kontinente hinweg verfolgen zu können.

ten Herren von Bodman übernommen, welche die Burg Mitte des 15. Jahrhunderts in gotischen Formen ausbauten. Aus dieser Zeit stammt der beeindruckende Torturm mit spitzbogigem Durchlass und drohendem „*Machiculus*" (Wurferker) über dem Eingang.

Was Möggingen für den Burgenfreund so interessant macht, ist die fast noch in ursprünglicher Höhe erhaltene Ringmauer aus grobem Gestein. Wie mögen sich die Burgbewohner hier gefühlt haben? Hinter einem zehn Meter hohen Steinwall wird man sich zwar einigermaßen si-

Torturm und Ringmauer vom Burghof aus betrachtet

Die Wasserburg Möggingen dient heute als wissenschaftliche Vogelwarte.

Die Burg liegt etwas versteckt vor dem Ort. Autofahrer sollten in Möggingen parken und durch schöne Landschaft 300 Meter zu Fuß zur Schlossmühle und von dort über einen Damm bis zum Torturm gehen. Die direkte Hinfahrt mit Kfz ist aus guten Gründen nicht erwünscht. Für Wanderer und Radler ist der Vorhof in der Regel betretbar. Eine Voliere mit Infotafel weist auf die ornithologische Bedeutung der Stätte hin.

cher, aber doch auch sehr beengt vorgekommen sein. Wie aus älteren Abbildungen hervorgeht, diente als Hauptgebäude ehedem ein Wohnturm von großen Ausmaßen, der aber im 16. Jahrhundert abgetragen worden ist.

Das hell verputzte wohnliche Herrenhaus mit dem sechseckigen Treppenturm entstammt dem späten 16. Jahrhundert. Nach Zerstörungen im Dreißigjährigen Krieg wurde es wieder aufgebaut und dient bis heute als zeitweiliger Wohnsitz der Barone von Bodman.

Auf dem Weiterweg nach Radolfzell passiert man im Naturschutzgebiet auf der Halbinsel Mettnau zwischen Markelfinger Winkel und Zeller See noch eine weitere ornithologische Rarität: Die verschilfte östliche Landzunge ist ganz unseren gefiederten Freunden vorbehalten, die dieses Angebot auch zu Tausenden annehmen. Ein hölzerner Beobachtungsturm gewährt einen Blick über den Gnadensee, wie er auch schon vor 1000 Jahren ausgesehen haben könnte. Wie ein gewaltiges Schiff ankert die Insel Reichenau inmitten der Wasserfläche.

Die Insel Reichenau

Mönchische Mauern

Die Reichenau, die heilige Insel, und ihre Bedeutung nicht nur für die Geschichte des Bodenseeraumes, sondern für die gesamteuropäische Kultur haben wir schon gebührend gewürdigt. Wer die Reichenau besucht, hat zuerst die Kirchen- und Münsterbauten zu Ober-, Mitten- und Niederzell mit ihren karolingischen und ottonischen Wandmalereien im Auge. Die „Reiche Au" verstand sich wohl als „feste Insel", aber nicht im weltlichen, sondern im geistlichen Sinne. Abt Walahfrid Strabo drückte diesen Anspruch ums Jahr 840 wie folgt aus:

„Rings von Wassern wild umbrandet / stehst du fest, ein Fels der Liebe / Streuest weit und breit der Lehre / Samenkörner, sel'ge Insel".

Aber so ganz ohne weltlichen Schutz kamen die Mönche nicht aus, denn „es kann der Frömmste nicht in Frieden leben, wenn es dem bösen Nachbarn nicht gefällt", und von solchen sahen sich die Äbte mitunter bedrängt.

So passieren wir schon auf dem künstlich aufgeschütteten Damm, der vom Festland hinüber zur Insel führt, linker Hand ein altersgraues Gemäuer: die Burgruine **Schopfeln**. Sie sperrte einst den Bereich der Abtei Reichenau gegen das Festland ab. Bis 1838, als der Damm aufgeschüttet wurde, lag sie auf einer eigenen Insel.

Insel Reichenau mit dem 1838 aufgeschütteten Damm zum Festland

Als Steinbau wurde die Burg von Abt Konrad von Zimmern um 1240 errichtet und sollte den geistlichen Herren auch in unsicheren Zeiten zur Unterkunft dienen. 1247 wird sie *Castrum Scopula* genannt, was vermutlich auf dem lateinischen Ausdruck *Specula* (Ausguck) beruht.

Ihr Untergang ist insofern bemerkenswert, weil er auf Zwistigkeiten um Fischereirechte im Untersee zurückzuführen war. Petrijünger lassen offenbar nicht mit sich spaßen, wenn es um die Abgrenzung der Fischrechte geht! 1365 geriet der Reichenauer *Cellerar* (Kellermeister) Mangold von Brandis mit den Fischern des Klosters Petershausen (in Konstanz jenseits des Seerheins gelegen) in Streit. Diese verbündeten sich mit einflussreichen Konstanzer Bürgern und zerstörten die Burg anno 1369. Offenbar wurde sie nur notdürftig mit Fachwerk- und Holzbauten wieder ausgebessert.

Wenn man die Ausmaße der heutigen Ruine hernimmt, dann muss Schopfeln ein repräsentatives Bauwerk gewesen sein. Das noch bis neun Meter aufsteigende massive Mauerwerk aus Buckelquadern und „Bollen" (behauenen Großkieseln) repräsentierte „römischen Herrschaftsanspruch". Die Fensternischen im oberen Stockwerk belichteten einen weiträumigen Saal.

> Das Ruinengeviert birgt heute eine Aussichtsplattform, die einen weiten Blick über das Wollmatinger Ried, den Gnadensee und auf das Schweizer Ufer gewährt. Achtung: Für Autofahrer gibt es keine direkte Haltemöglichkeit. Der nächste Parkplatz in Inselrichtung liegt fast einen Kilometer entfernt. Für Radler und Wanderer hingegen stellt der Besuch der Burgruine neben dem von Pappeln gesäumten „Philosophenweg" kein Problem dar!

Als Ersatz für die untergegangene Burg Schopfeln erbauten sich die Reichenauer Äbte am äußersten Nordwesteck ihrer Insel das Schloss **Windeck** (auch Windegg). Im 15. und zu Beginn des 16. Jahrhunderts entstand das dreigeschossige Prälatenhaus mit Zinnengiebel und angebautem runden Treppenturm. 1630 wurde es als Sommersitz („*lustig Hus*") des Konstanzer Bischofshofs und als Gästehaus benutzt. Nach der Säkularisation von 1803 geriet Windeck in bürgerlichen Besitz. Dem späten 19. Jahrhundert entstammt die „ritterburgartige" Umwallung des Parks mit Zinnenmäuerchen und Eckrondellen auf der Seeseite.

> Gegenwärtig dient das „Bürgle" Windeck als Ferienheim eines Energieversorgungskonzerns. Eine spontane Besichtigung ist daher nicht möglich. Aber auch von außen ist das alte Herrenhaus gut sichtbar. Besonders bei Wellenschlag und Sturm vermittelt ein Gang vom Münster hinüber zum Bürgle noch ein gewisses „Reichenauer Inselgefühl".

Radolfzell

„Oh Radolfzell, du altes Nest mit deinen Mauerwacken!"

Unkompliziert führt der Radweg entweder von Möggingen oder von Konstanz nach Radolfzell. Vor der Stadt passiert man auf der Halbinsel Mettnau noch das „**Scheffelschlösschen**". Viktor von Scheffel (1826–1886), der Schöpfer des romantischen Epos „Ekkehard", das im Hegau und am Untersee spielt, verbrachte hier von 1880 bis 1886 seine letzten aktiven Lebensjahre. Zu seiner Zeit galt Scheffel als der meistgelesene Schriftsteller deutscher Sprache. Sein

Viktor von Scheffel

Schlössle war ursprünglich ein Rebhaus, an welches der romantische Dichter noch einen Turm und einen Erker im Stil der „deutschen Renaissance" anfügen ließ. Heute dient es als Sitz der Kurverwaltung mit Lesesaal und touristischen Einrichtungen. An den „schwäbischen Dichterfürsten" erinnert ein kleines Gedenkzimmer. Seine Verbundenheit zum nahen Radolfzell goss der Dichter in folgende Verse:

„Vergnüglich sitzt man am Strande fest und vergisst die Koffer zu packen. Oh Radolfzell, du altes Nest mit deinen Mauerwacken!"

Wie schon erwähnt, ist „Ratoldi Cella" aus einer weitum berühmten Wallfahrtsstätte hervorgegangen. 1267 erhielt der zum Kloster Reichenau gehörende Ort, welcher als Handelsplatz, Hafen und Markt Bedeutung erlangt hatte, die Stadtrechte zugesprochen. Aus dieser Zeit stammt auch der erste Stadtmauerring mit See- und Landtor.

Der Umriss der ummauerten Altstadt ist noch klar erkennbar. Vom Bahnhof betritt man durch das ehemalige Seetor die Altstadt. Erhalten sind Teile der Stadtmauer sowohl gegen die Land- wie

Das Scheffel-Schlösschen auf der Halbinsel Mettnau

Obertor mit Münster

gegen die Seeseite im Osten hin. Der massive runde **Pulverturm** stand früher direkt am Wasser, wie die eisernen Ringe beweisen, an denen Boote vertäut wurden. Sein „in den Boden versunkenes" Aussehen hat er erst 1863 erhalten, als die gesamte Seeseite für den Eisenbahnbau bis zu drei Meter hoch aufgeschüttet wurde. Seine Geschützscharten weisen ins 16. Jahrhundert.

Auf dem Stadtgraben zur Land- und Seeseite erstreckt sich heute der gepflegte Stadtgarten mit dem **Obertor**. Vom ehemaligen Tor sind nur noch die zwei Eckbauten erhalten. Auf ihren Schauseiten geben Wandmalereien das frühere Aussehen des Tores und der Stadt wieder. Die Stadtmauer mit Schlüsselscharten hat sich hier noch in beachtlicher Höhe erhalten. Über dem Stadtgarten markiert ein turmartiges Gebäude den Platz der alten Stadtburg.

Der massive Höllturm in Radolfzell

Der **Höllturm** sicherte das Nordosteck der Stadt. Nach außen bildet er ein Rondell mit Geschützpforten, nach innen ist er eckig abgeteilt. Der Eingang von der Stadtseite in beträchtlicher Höhe ist noch zu sehen. Auch er entstammt in dieser Form dem 16. Jahrhundert. Die passenden Zeltdächer wurden dem Höll- wie auch dem Pulverturm im 19. Jahrhundert aufgesetzt.

Der noch in voller Höhe erhaltene **Schützentorturm** bildete den Aus- und Eingang zum Land hin. Der Turm war früher zur Stadtseite hin offen. Solche „Schalentürme" waren in der Befestigungstechnik des späten Mittelalters üblich, um einem eingedrungenen Gegner keinen Stützpunkt zu bieten. Da der Turm später als Gefängnis diente, wurde seine Innenseite mit Bretterwänden und Fachwerk verschlossen.

Dem Schwäbischen Städtebund gegenüber musste Radolfzell 1441 die Tore öffnen. Im Bauernkrieg bewahrten die Mauern die Stadt vor der Einnahme durch die bewaffneten „Seehaufen". Der Dreißigjährige Krieg brachte den Durchzug verschiedener „Kriegsvölcker". Pest und Cholera ließen 1648 nur noch die Hälfte der Bürgerschaft am Leben.

Von 1298 bis 1805 stand Radolfzell unter habsburgisch-österreichischer Herrschaft und bildete somit – zusammen mit der Landgrafschaft Nellenburg – einen Teil des „vorderösterreichischen Fleckenteppichs". An das österreichische Stadtregiment erinnert noch das noble „**österreichische Schlösschen**" gleich neben

> Das österreichische Stadtschloss beherbergt heute in seinem Inneren die moderne Stadtbibliothek von Radolfzell. Das Gewölbe wird von einem Lokal eingenommen.

dem Münster. Seine heutige Form in gediegener Renaissance mit fein gearbeitetem Portalbogen und hoch ragendem Stufengiebel

Österreichisches Schlössle

hat es 1619 als Sitz des österreichischen Erzherzogs Leopold V. erhalten. Zwei Erkertürmchen (mit welschen Zwiebelhauben) flankieren seine Fassade.

Inmitten der Bebauung um den Münsterplatz fällt das **Ritterschaftshaus** durch seine beachtliche Größe ins Auge. 1427 erwählte sich die Hegauer Ritterschaft und ihr „Bund unter dem Georgenschild" Radolfzell als Versammlungsort. Für die Stadt bedeutete das einerseits gute Einnahmen, denn die Herren Ritter pflegten nach ihren Zusammenkünften große Rechnungen, besonders an Wein, zu hinterlassen, andererseits aber auch diverse Unannehmlichkeiten, da der Ritterbund keinem

Ritterschaftshaus

Streit aus dem Weg ging und auf seine althergebrachten Rechte pochte. Von den Bürgern wurde dies allerdings als Raubrittertum und „Heckenreiterei" beurteilt. Tumulte der Haudegen mit den Habsburgern, den Reichsstädten und Bischöflichen waren deshalb an der Tagesordnung. 1441 brachten die Umtriebe des Ritterbundes die Stadt in eine unangenehme Situation, die dazu führten, dass der Schwäbische Städtebund ultimativ die Öffnung der Stadttore und den Anschluss an den Bund einforderte. Auch den arbeitsamen Radolfzellern ging das unmäßige *„eitel Sauffen und Treiben"* der Junker mitunter auf die Nerven. 1525 entlud sich der Zorn der Bauern im Hegau gegen ihre zahlreichen Kleinherrschaften.

Fluchtartig zogen sich die maulheldischen Ritterbündler nach Radolfzell zurück und verschanzten sich in ihrem Ständehaus, bis der Sturm nach zwei Monaten vorüber war. Die heutigen Bauten entstammen dem 17. Jahrhundert, nachdem Junker Hans von Schellenberg der Adelsgesellschaft 1609 das heutige Gebäude *„zu bequemer Tractierung ihrer Handlungen"* geschenkt hatte. Die

> Das Ritterschaftshaus bildet mit dem Rathaus eine bauliche Einheit und dient heute als Amtsgericht.

Freitreppe und das barocke Prunkportal sind Zeichen des ungebrochenen Selbstverständnisses der Reichsritter. Auf einem Treppentürmchen im Innenhof erinnert eine eiserne Windfahne an St. Jörg, den Schutzpatron der Hegauer Ritterschaft.

Burgruine Homburg über Stahringen

Hinter der schützenden Schildmauer

Radolfzell eignet sich gut als Ausgangspunkt, um verschiedene Burgen der Umgebung zu erkunden. Folgen wir zuerst einer Strecke, die ins Vorfeld des burgenreichen Hegaus führt.

Von Radolfzell nach Stahringen braucht man nicht die viel befahrene B 34 zu nehmen, sondern kann – auch per Rad – einem kleinen

Die Vorburg wird von umfangreichen Ökonomiegebäuden neueren Datums eingenommen, wo man auch einen Stellplatz fürs Auto finden kann. Bereits von hier erkennt man die mächtige Silhouette einer Schildmauer. Auf einem schmalen Pfad ist in etwa 10 Minuten die etwas höher auf einem Nagelfluhfelsen gelegene Burgruine erreicht. Sie selbst macht, wie ihr näheres Umfeld, einen ziemlich vernachlässigten Eindruck.

Sträßchen direkt neben der Bahnlinie folgen. Vom Ort geht es, beschildert, ziemlich steil bergauf Richtung **Homburg**.

Die drei Meter starke Außenmauer schloss den Burghof wie ein Schild gegen die Hochebene hin ab. Solche gewaltigen Bauwerke sind typisch für das späte 12. und das 13. Jahrhundert. Mauerwerk aus Buckelquadern, wie sie in der Stauferzeit als Zeichen der „alten, römischen Herkunft" Verwendung fanden, sind in eindrucksvollen Ausmaßen noch neben dem Burgtor sichtbar. Im 15. Jahrhundert wurde der Palas, das Wohngebäude, an die innere Seite der Schildmauer angefügt. Ein Holzsteig führt heute hinauf zur Mauerkrone auf elf Metern Höhe und einer kleinen Aussichtsplattform, die einen schönen Blick hinüber zum Mindelsee und zum Bodanrück bietet.

Buckelquadermauerwerk am Tor

Ausblick von der Mauerkrone

Eine Informationstafel mit Lageplan am Burgtor klärt uns über die Geschichte auf: Herren von Homburg sind vom 12. bis ins 16. Jahrhundert belegt. Die „Homburch" selbst erscheint 1162 in einem schriftlichen Zeugnis als Lehen des Konstanzer Bischofs. Seit 1465 standen die Homburger in österreichischen Diensten. Daher war ihre Burg 1499 das bevorzugte Angriffsziel der Schweizer, die sie eroberten und „ausbrannten". Doch wurde sie bald wieder aufgebaut. 1612 übernahm das Stift St. Gallen die kleine Herrschaft Homburg-Stahringen. Während des Dreißigjährigen Krieges wurde die Burg 1632 zuerst von den Württembergern besetzt und zehn Jahre später vorsorglich von der Besatzung des Hohentwiel zerstört, um sie nicht intakt in die Hände der Kaiserlichen oder Habsburgischen fallen zu lassen. Als Folge verlegten die St. Galler ihren Amtssitz hinunter nach Stahringen. Die Burg droben blieb dem Verfall überlassen.

Die Burg Hohenfriedingen

Die „einzige noch erhaltene Ritterburg des Hegaus"

Burg Hohenfriedingen (Bleistiftzeichnung von Holger Werner)

Ausdauernde Wanderer können von der Ruine Homburg aus über Steißlingen unser nächstes Ziel, die Burg **Hohenfriedingen**, erreichen. Für Radler empfiehlt sich eher der Weg von Radolfzell über Böhringen nach Friedingen. Da diese historische Stätte unter dem Namen „**Friedinger Schlössle**" als Ausflugsgasthof bekannt ist, erscheint der Hinweg von allen Seiten gut beschildert. Friedingen ist heute ein Ortsteil von Singen.

Ein Fahrweg führt erst durch Wald, dann über ein freies Feld steil hinauf. Man passiert dabei den Schlosshof, den alten Bau- und Wirtschaftshof der Burg. Von hier erschließt sich ein erster Blick auf die efeuumrankte Schauseite der Burg mit ihren pseudo-romanischen Rundbogenfenstern. Das Auto sollte man hier stehen lassen, denn für Pkws gibt es kurz vor der Burg nur ein eingeschränktes Angebot an Stellplätzen. Empfehlenswert ist es, sich vorher zu erkundigen, ob die Gastronomie geöffnet hat. Das Friedinger Schlössle erfreut sich nämlich häufiger Betriebsfeiern und privater Feste. Seine Torflügel sind dann verrammelt wie zu Zeiten der Schweizerkriege.
Friedinger Schlössle, Schlossbergstraße 44, D-78224 Singen
T: +49/(0)7731/43828, I: www.friedinger-schloessle.de

Als die Eidgenossen 1499 angerückt waren, sprengten sie das Tor auf und plünderten die Burg aus. Das war ihnen umso leichter gefallen, als sich die Besitzerfamilie seit langem derart in den Haaren gelegen war, dass sie ihre Anteile an alle möglichen Vorteilsnehmer verkauft hatte. 1539 erstand die Stadt Radolfzell Burg und Herrschaft Friedingen und dehnte damit ihren Einflussbereich bis in den Hegau hinein aus.

1635 und 1642 finden wir auch Hohenfriedingen unter den von Konrad Widerholt zerstörten Burgen im Umkreis der Festung Hohentwiel. Die während des Dreißigjährigen Krieges erlittenen Schäden wurden aber 1651 von der Stadt Radolfzell behoben.

Die durch einen Halsgraben abgeteilte Spornlage und der regelmäßige rechteckige Grundriss der Burg erinnern an die staufischen Ursprünge im letzten Viertel des 12. Jahrhunderts. Erhalten haben sich auch die bis acht Meter hohen Ringmauern und ihre Eckfassung mit Buckelquadern. Sie umschließen einen engen, länglichen Burghof.

Die Edlen von Friedingen waren zuerst Vögte der Abtei Reichenau und standen seit dem 14. Jahrhundert in habsburgischen Diensten. Ihre Burgen, zu welchen auch die benachbarte Burg Hohenkrähen zählte, hatten sich in mehreren „Friedinger Fehden" zu bewähren. Gegner waren die Grafen von Württemberg, die notorischen Schweizer sowieso und zuletzt noch der mächtige Schwäbische Städtebund. Und dazu befehdeten sich die Friedinger auch noch unablässig untereinander. Kein Wunder, hatten sie doch das enge Burggelände noch besitzmäßig unter sich aufgeteilt! Friedlichere Zeiten brachen erst an, als die Radolfzeller Bürgerschaft Burg und Herrschaft übernommen hatte.

Seit 1915 besteht eine Wirtschaft im Rittersaal der Burg, der dafür im „Heimatstil" als „Ahnensaal" ausgebaut wurde. Nach dem Ersten Weltkrieg mietete der „Wandervogel" einen Teil der Burg an.

> Der „Wandervogel" zählte zu den nationalromantischen Jugendbewegungen (in den ersten beiden Jahrzehnten des 20. Jahrhunderts), die das Heil Deutschlands rückwärtsgerichtet in einem verklärten ritterlichen Mittelalter sahen. Dieser Ideologie entsprechend wurde Hohenfriedingen damals renoviert.

So entstammen die hübschen „Biforienfenster" (Doppelfenster) mit den romanischen Säulen keineswegs der Stauferzeit, sondern den jugendbewegten 1920er Jahren – wie übrigens auch der „Wehrgang" und die gesamte holzvertäfelte Innenausstattung und Wandbemalung! Über eine SS-Sondertruppe, die sich Ende 1944 hier festgesetzt hatte, wird noch heute spekuliert, zumal erst eine schwer bewaffnete französische Einheit im letzten Kriegsmonat 1945 es wagte, das

Rundbogenfenster, allerdings nicht original!

Innenhof des „Friedinger Schlössles"

Gemäuer zu betreten und zu durchsuchen.

Die heutige Erscheinung und der mittelalterliche Eindruck des Friedinger Schlössles geht im Wesentlichen auf eine umfassende Renovierung von 1963 zurück. Ob echt oder nachempfunden – der heutige Burgenfreund findet hier jedenfalls ein Ambiente, das mit jedem „Achtele" ein „bissle" echter wirkt. Die dabei zusehends impressionistisch verschwimmende Rundumsicht über die Vulkanlandschaft des Hegaus und den Zeller See mag ihm dabei behilflich sein.

Rekonstruktion der spätmittelalterlichen Burganlage

Der Rundturm zu Bohlingen

Heute friedlicher Storchensitz

In Radnähe zu Radolfzell liegt auch das Örtchen **Bohlingen** mit seinem charakteristischen **Rundturm**, der weit ins Umland blickt. Bohlingen schaut auf eine abwechslungsreiche Geschichte zurück. Seit dem 12. Jahrhundert war es in Besitz des Bistums Konstanz mit verschiedenen Besitztiteln des Domstifts. Als Lehensträger traten nach den zu Anfang des 14. Jahrhunderts ausgestorbenen Bohlingern die Homburger, die Sulzer und Lupfener auf. 1640 wurde Bohlingen zusammen mit etlichen anderen Hegauburgen von der Festungsbesatzung des Hohentwiel geschleift. Die verbliebenen Steine verbaute man Ende des 17. Jahrhunderts dann im barocken Neubau der Kirche St. Pankratius.

Erhalten hat sich der runde, heute dick geweißelte dreigeschossige Turm (mit Storchennest!) auf dem Spitzhelm. Er misst zehn Meter im Durchmesser und verfügt über zwei Meter starke Mauern, aus welchen Schießscharten für Hakenbüchsen herauslugen. Für seine Wehrfunktion spricht auch der Eingang in Höhe des ersten Stockwerks, der früher nur über eine schwankende Leiter erreichbar war. Der Wappenstein über dem gotischen Hochportal weist auf Graf Alwig von Sulz hin, dessen Todesdatum, 1493, bekannt ist. Die Gemarkung der ehemaligen Feste auf der „Bohlinger Burghalde" über dem Dorf ist noch klar zu erkennen. Die Pfarrkirche als ehemalige Burgkirche steht mitten darin.

Turm von Bohlingen mit altem Hocheingang

Parkplätze finden sich vor dem Rathaus und am Kirchplatz. Den runden „Storchenturm" kann man von außen besichtigen. Ein kleiner Rundgang auf dem Hochplateau vermittelt einen Eindruck vom Ausmaß der einstigen Burganlage.

Die Schrotzburg auf dem Schiener Berg

Das „Piratennest" am Untersee

Von Bohlingen aus gesehen baut sich der Schienener (oder Schiener) Berg wie ein gewaltiger Querriegel auf, der den Blick nach Süden und den Zugang zum Untersee versperrt. Über 600 Meter hoch faltet sich der gebirgige, größtenteils bewaldete Kamm empor. Wanderer und besonders Radler sehen hier ihre Waden strapaziert, und doch hat sich die Strecke über den Schienener Scheitel zu einem bevorzugten Ziel für Biker und Walker entwickelt. Durch die Bohlener Schlucht ist der Anmarsch zu Fuß am eindrucksvollsten. Auf 693 Meter Höhe erhob sich einst die **Schrotzburg**. Hohe Erdwälle und künstlich tief eingeschachtete Gräben im Umkreis der Burg lassen auf eine großräumige frühmittelalterliche Anlage, vielleicht eine Fliehburg aus der Zeit der Ungarneinfälle, schließen. Der nach einem Ungetüm klingende Burgname soll von einem fränkischen Grafen Scrot des 9. Jahrhunderts stammen. Im 12. Jahrhundert entstand auf dem höchsten Bergsporn dann die Burg der Herren von Schienen, die Dienstmannen der Reichenauer Äbte waren. Im 15. Jahrhundert eskalierten die Streitigkeiten zwischen den aufstrebenden Bürgerstädten und den Hegauer Rittern, die sich in ihren alten Vorrechte immer mehr eingeschränkt sahen. Werner von Schienen auf Schrotzburg war einer derjenigen, die ihr „altes Recht" mit der Waffe einzufordern versuchten. Kein Wunder, dass ihn die mit Handel und Handwerk beschäftigten Bürger als Raubritter oder Strauchdieb bezeichneten, als er Handelszüge überfiel und sogar noch mit bewaffneten Schiffen Seeräuberei auf dem Bodensee betrieb. Ein besonderer Coup war die Beschlagnahme von Lastkähnen mit Ulmer Gütern, deren Abtransport die Kapazitäten der Hegauer Ritter überforderte. Damit war das Maß endlich voll. Im Oktober 1441 schickte der Schwäbische Städtebund einen Söldnertrupp zur Schrotzburg und ließ sie nach dreitägiger Belagerung in Brand stecken.

Ein Wiederaufbau der Schrotzburg erfolgte nach dieser Radikallösung nicht mehr. Entsprechend wenig Mauerreste treffen wir an. Doch wirkt der Burgplatz allein durch seine Höhenlage auf dem Scheitel zwischen Hegau und Untersee. Der ehedem ungehemmte weite Blick über See, Land und Berge ist heute allerdings durch dichten Baumbestand verdeckt.

> Über mehrere bezeichnete Wege, die von Wanderparkplätzen an der Verbindungsstraße Öhningen–Schienen ausgehen, ist die Schrotzburg in weniger als einer Stunde Fußweg gut erreichbar.

Die Festung Hohentwiel

Wo Widerholt Widerstand wagte

Hohentwiel – einst eine der stärksten deutschen Festungen

Schon seit unseren Abstechern nach Stockach (Nellenburg) und in die Burgenwelt um Radolfzell bewegen wir uns im Sichtfeld des allgewaltigen **Hohentwiel.** Unübersehbar ragt der schroffe Berg empor und zeigt deutlich, dass er der nach einer Eruption erstarrte Schlotkern eines Vulkans aus härtestem Klingstein ist. Das Berggelände wird heute mit fast 10 Hektar von der „größten Ruine Deutschlands" eingenommen, besteht aber aus mehreren nacheinander entstandenen Bauwerken, die sich auch in ihrer Funktion unterschieden haben. Bereits für 914/15 wird eine Befestigung erwähnt. Ihre Anlage erfolgte im Zusammenhang mit der Wiedererrichtung des schwäbischen Herzogtums. Burkart III. von Schwaben, der von 954 bis 973 regierte, erbaute auf dem Berg die Herzogspfalz.

Burkarts Gemahlin Hadwig (gestorben 994) ist in Viktor von Scheffels Roman „Ekkehard" verewigt worden. Scheffel schilderte darin mit feiner Ironie den *amour fou* der Herzogswitwe zum jungen Mönch Ekkehard. Die Burg Hohentwiel hat der fantasiebegabte Schriftsteller in seinem Werk allerdings im Stil einer Fürstenresidenz des 15. Jahrhunderts wiederauferstehen lassen.

Bereits vor seinem Tod hatte der Herzog die Umwandlung der Pfalz in ein Kloster eingeleitet, das um 970 eingerichtet wurde. Nach Herzogin Hadwigs Ableben wurde das Herzogtum von Kaiser Heinrich II. eingezogen. Das Benediktinerkloster ließ der Kaiser nach dem Jahr 1005 vom windumtosten Berggipfel hinunter in die lieblichen Gefilde bei Stein am Rhein verlegen.

Während des Investiturstreits erscheint wieder eine Burg auf dem Hohentwiel, die 1086 von den Kaisertreuen erobert wurde. Als Besitzer werden vom 12. bis 15. Jahrhundert verschiedene Hegauer Geschlechter genannt, so die Herren von Singen, die von Klingen und die Klingenberger. Die Klingenberger waren im 15. Jahrhundert Doppelvasallen, d. h. sie dienten zwei Herren, nämlich den Habsburgern und den Württembergern. Wenn alles gut ging, war das ein sehr einträglicher Zustand, doch Konflikte waren vorprogrammiert. Denn beide Parteien beanspruchten das Öffnungsrecht der Burg Hohentwiel. 1519 setzte Herzog Ulrich von Württemberg die Klingenberger vor die Tür (bzw. vors Burgtor) und ließ die mittelalterliche Burg zu einer neuzeitlichen Festung umbauen und mit Artillerie und 500 Mann Besatzung versehen. Durch Kauf legalisierte er 1538 diese Maßnahmen gegenüber den Habsburgern. Bereits im Schmalkaldischen Krieg von 1547 bewährten sich die neuen Mauern. Bis 1593 wurde der Twiel zum Hohen-Twiel (dieser Name erscheint jetzt erst im 16. Jahrhundert) zu einer der württembergischen Landesfestungen und damit zu einer „unbezwingbaren Burg des Protestantismus" ausgebaut.

Vor dem Umbau zur Festung stellte der Hohentwiel noch eine typische spätmittelalterliche Burg dar. Auf dem kleinen Gipfelplateau lag das Haupthaus mit innerem Tor, zu welchem man über die Vorburg gelangte. Ein Inventar nennt Armbrüste und Hakenbüchsen. Aus den Schlafstellen kann man etwa 80 Personen beiderlei Geschlechts errechnen. Auffallend sind „50 Paar Hausschuhe" – Zeichen schwäbischen Hausverstands.

1524 hingegen erscheint der Hohentwiel bereits als eine der neuen Waffentechnik angepasste, einsatzbereite, „scharf gemachte" Festung: Im Arsenal befanden sich große Mengen an Hakenbüchsen, Wallbüchsen, Kanonen verschiedenen Kalibers, Eisenkugeln, Blei, Salpeter, Schwefel und Pulver. Neue Kasematten umzogen das Areal, in drei Zisternen wurde Wasser gesammelt. Die Gipfelburg wurde bis 1554 zu einer dreiflügeligen Renaissanceanlage um einen Innenhof umgewandelt.

Die Feuertaufe erfolgte während des Drei-ßigjährigen Krieges, und das gleich fünfmal – und zwar erfolglos! Kommandant war der legendäre Obrist **Konrad Widerholt**, der sich 1638 weigerte, die Festung im Namen des württembergischen Herzogs Eberhard III. den Kaiserlichen zu überlassen. Er handelte damit auf eigene Faust. 1639 eroberten kaiserliche und kurfürstlich bayerische Truppen zwar die untere Burg, wurden aber wieder hinausgeworfen. Im nächsten Jahr plünderte Widerholts Truppe die gesamte Umgebung und zerstörte die Burgen der Nachbarschaft, um den Feinden keine

Konrad Widerholt, erfolgreicher Festungskommandant

Stützpunkte zu bieten. Als einträgliches Geschäft erwiesen sich Entführungen reicher Persönlichkeiten der Gegenseite, um Lösegeld zu erpressen. Dem Kommandanten standen aber auch tüchtige Fouragier- und Kellermeister zur Verfügung, welche die Vorräte umsichtig einlagerten und verwalteten. Auf dem Hauptturm drehte sich eine Windmühle mit horizontaler Laufrichtung und lieferte Mehl an die Festungsbäckerei.

Im Herbst 1641 erschienen erneut über 3000 Österreicher und Bayern und versuchten, um den Burgberg einen Belagerungsring zu ziehen. Das gelang nicht, genauso wenig wie das Vorhaben, durch Tiroler Bergleute Stollen in das harte Gestein treiben zu lassen und Minen zu zünden. Auf der Festung befanden sich 500 Mann und 61 Geschütze. Widerholt und seine Mannen brachen des Öfteren aus, schafften Proviant auf die Burg und verheerten die Umgebung in einem Maße, dass bald die Belagerer mehr Mangel litten als die Eingeschlossenen. Als ein französischer Entlastungsangriff drohte, zogen sich die Kaiserlichen 1642 zurück.

Beschießung und Belagerung der Festung Hohentwiel 1641

Zusammen mit Franzosen und Schweden ging Widerholt nun daran, die noch verbliebenen Burgen des Umkreises zu schleifen. Widerspenstige Dörfer gingen in Flammen auf und sogar Konstanz wurde belagert. Mit der – allerdings nur kurzzeitigen – Eroberung Überlingens gelang ihm 1643 ein besonderer Coup.

> Die Widerholt-Legende will, dass er Überlingen nur deshalb überfiel, um an eine Kirchenorgel zu kommen, mit welcher er seine Hohentwieler Festungskirche ausstatten wollte!

1644 geriet Widerholt ein paar Monate auf dem von Reichstruppen eingeschlossenen Hohentwiel in Bedrängnis, doch auch dieser Angriff verpuffte wirkungslos an der Höhe des Festungsberges und der Härte der Mauern und nicht zuletzt an der von Widerholt „erfolgreich" praktizierten weiträumigen Verwüstung der Umgebung. Noch im Winter 1646 raubten die „Twielschen" die Insel Reichenau aus. Erst zwei Jahre nach dem Westfälischen Frieden von 1648 wurde der Hohentwiel dem Herzogtum Württemberg restituiert.

> Konrad Widerholt (auch Wiederholt, 1598–1667) war vom „Drillmeister" zum General aufgestiegen. Nach 1650 erhielt er ein Rittergut bei Kirchheim unter Teck zugesprochen. Er war so ziemlich auf allen wichtigen Kriegsschauplätzen der ersten Hälfte des 17. Jahrhunderts zugegen. Das 19. Jahrhundert hat ihn als württembergischen Patrioten und heldenhaften Protestanten verklärt, doch handelte er wie alle Söldnerführer skrupellos zum eigenen Vorteil. Der ökonomische Niedergang und die Entvölkerung Überlingens und der Hegaustädte nach dem Dreißigjährigen Krieg ist nicht zuletzt auf Widerholts gnadenlose Strategie der „verbrannten Erde" zurückzuführen.

Die Festung blieb zwar während der Erbfolgekriege des 18. Jahrhunderts immer gut verproviantiert und mit einer Garnison von bis zu 300 Veteranen ausreichend bemannt, doch geriet sie in den Kabinettskriegen des absolutistischen Europa in eine strategische Abseitslage. Besser eignete sie sich nun als württembergisches Staatsgefängnis und beherbergte in ihren Mauern z. B. von 1759 bis 1764 den berühmten Staatsrechtler Johann Jakob Moser. Während des napoleonischen Zweiten Koalitionskrieges stieß ein Teil der französischen Rheinarmee unter General Vandamme von Stein am Rhein gegen den Hohentwiel vor und erzwang im Mai

Romantische Ansicht der Festung im 19. Jahrhundert

1800 die Kapitulation. Was hätten die 108 Verteidiger auch anderes bewerkstelligen können?! Für die Franzosen waren in erster Linie die eingelagerten Lebensmittel von Bedeutung. Im August begann man – angeblich auf direkten Befehl Napoleons – mit der Schleifung der Festungsmauern und Bastionen. In erster Linie wurden die Rondelle und nach 1650 angelegten neueren Fortifikationen gesprengt und unbrauchbar gemacht. Die obere Burg wurde entkernt und alles darin Verwertbare versteigert. Militärisch war die systematische Zerstörung des Hohentwiels nicht notwendig, aber man vernichtete damit ein Symbol des „alten Europa".

Der Standort der frühmittelalterlichen Bauten – wie der „Hadwigsburg" und des Klosters – lässt sich nicht mehr nachweisen. Die gängigen Bezeichnungen „Ekkehardsturm" und „Klosterbau" beziehen sich auf Gebäude des 16. Jahrhunderts und dienen der Erhöhung der Romantik. Auch die hochmittelalterliche Burg auf dem Gipfel ist nur in wenigen Mauerzügen unter dem Herzogschloss präsent. Ansonsten wird das gesamte Gelände des Berges vom fundamentalen Um- und Ausbau der Neuzeit bestimmt. Von 1519 an wurden die Ringwälle mit Kanonentürmen angelegt, wie dem „Scharfen Eck" an der Westseite. Hinweise auf Datierung geben einige Schlusssteine mit Jahreszahlen: so am Turm Wilhelmswacht 1526 und an der Hochburg zweimal die Nennung vom Jahr 1554. Das Eugenstor zum unteren Vorhof trägt die Zahl 1559. Die Bastion „Schmiedefelsen" vor dem Aufgang zur Oberen Burg und das immerhin 26 Meter im Durchmesser zählende Rondell Augusta entstanden wohl kurz vor 1593. In der Anfangsphase des Dreißigjährigen Krieges kamen noch die Friedrichs- und Herzogsbastion hinzu. Den höchsten Turm des Hauptschlosses,

Der Fußweg führt von Singen aus steile 260 Meter aufwärts. Über Alexander-, Ludwigs- und Eugenstor erreicht man zuerst die Vorburg mit Mannschaftskasernen, Offizierswohnungen, Marketenderei, Remise, der Bäckerei und der Apotheke. Diese „Untere Burg" wird von mehreren Bastionen umgeben. Über zwei Zugbrücken (dazwischen das Wachhaus „Wer da!") gelangt man auf der kühn ansteigenden Pflasterstraße zum Schmiedefelsen (Friedrichsbastion) und dann durchs Neue Portal in den inneren Waffenplatz. Direkt vor uns erhebt sich der ehemalige Fürstenbau mit Gewölben. Vom Innenhof steigt man einige Stufen hinab zur Rundbastion Augusta, deren Mauermasse den gesamten Westabhang des Burgfelsens beherrscht. Den Kirchturm mit Aussichtsplattform kann man besteigen. Auf dem östlichen, tiefer gelegenen Burgplateau schließen sich Kasernengebäude, das Zeughaus und das Gefängnis an.

Blick vom Hohentwiel auf Singen

der ganz schwäbisch-nützlich eine Windmühle trug, ließ Widerholt zur Erlangung ewiger Gnaden 1643 zu einem Kirchturm umfunktionieren. So wird der ausgehöhlte Viereckturm noch heute genannt.

Eine seltsame Öde herrscht auf dem Hohentwiel. Romantisch wirken die leeren Gebäude in der Vorburg und auf der Hochkuppe nicht. Es sind auch keine Burgtrümmer „aus alten Mären", über die wir hier steigen, sondern nüchterne und rein militärische Zweckbauten der Neuzeit. Kaum zu glauben, dass in den verlassenen und vom Wind durchzogenen Sälen des Fürstenbaus jemals prunkvolle Feste und Empfänge gefeiert worden sind. Dagegen zählt der Hohentwiel zu den ganz wenigen europäischen Festungsbauten, die – zumindest für eine gewisse Zeit – ihre kriegerische Bestimmung wirklich erfüllt haben.

Für Burgenwanderer und -radler am Bodensee empfiehlt sich die Zugverbindung mit dem „Seehas" von Konstanz oder Radolfzell nach Singen (Fahrradmitnahme möglich). Vom Bahnhof durch den Stadtgarten und die Scheffelbrücke gelangt man zu Fuß in gut eineinhalb Stunden auf den Gipfel. Der Geschichtspfad bringt auf 12 Tafeln die Geschichte der Burg näher. In der Remise der Unterburg befindet sich ein umfangreiches Informationszentrum mit einem übersichtlichen Modell der Festung. Mit dem Auto ist die Auffahrt bis zum Hotel-Gasthof Hohentwiel auf halber Bergeshöhe möglich.

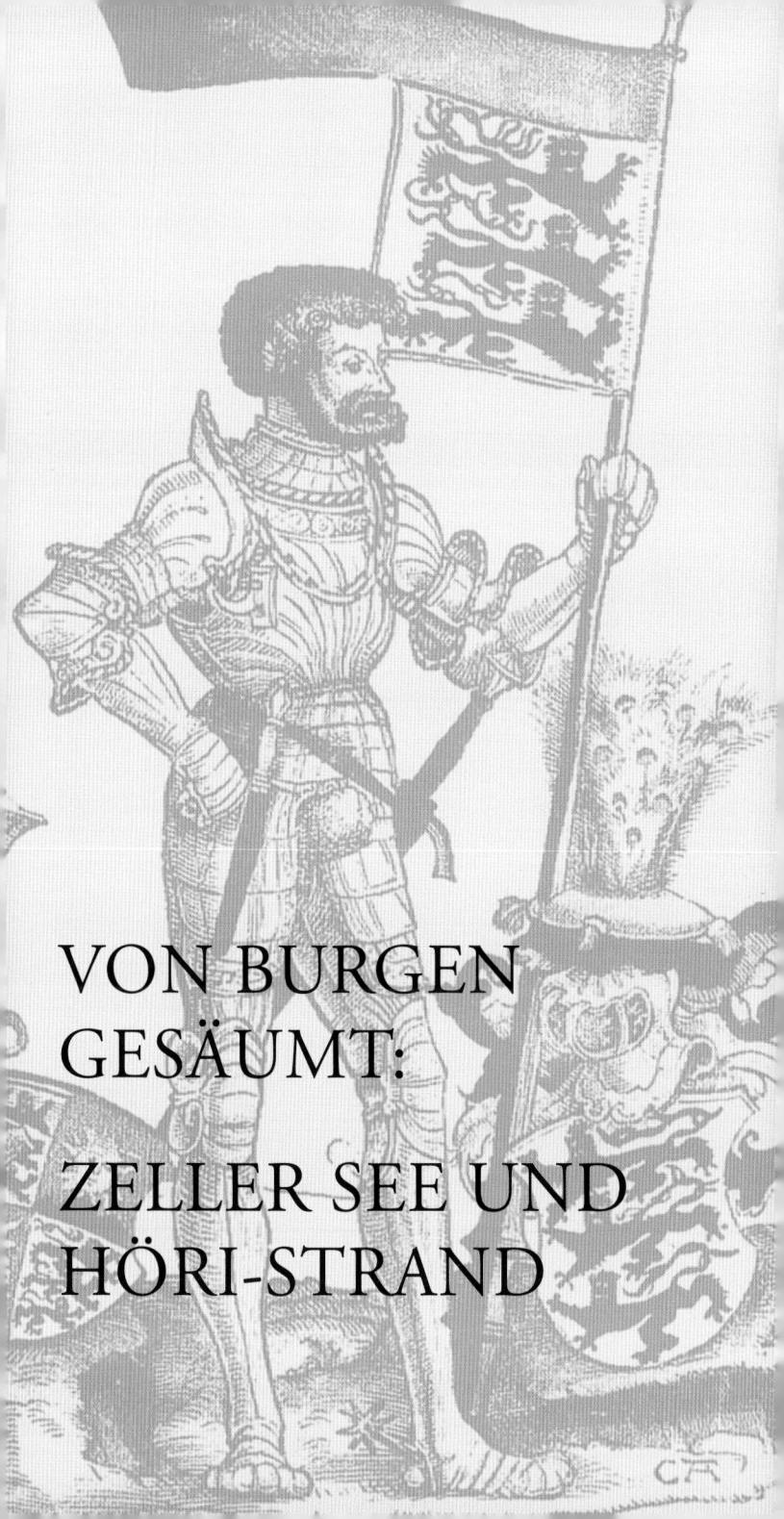

VON BURGEN GESÄUMT:

ZELLER SEE UND HÖRI-STRAND

Edelsitze am Höri-Strand

Von Hornstaad nach Oberstaad

Zur Weiterfahrt von Radolfzell bietet sich die Uferstraße Richtung Stein am Rhein an. Sie umrundet die Halbinsel Höri und gewährt schöne Ausblicke auf den Zeller See und die Reichenau. Nicht umsonst feierte Viktor von Scheffel die Höri als *„vom Weltenschöpfer ein Meisterwerk"*. Rad- und Wanderweg verlassen immer wieder die Straßennähe und suchen sich ruhigere Gefilde durch Moos, Ried und Obstbaugebiete. Wir passieren dabei mehrere ehemalige Burgbauten der Reichenauer Äbte und der Konstanzer Bischöfe. Die Höri hat ja ihren Namen von dem den geistlichen Herren „g'hörenden" Gebiet.

Hornstaad liegt, wie der Name sagt, am Gestade des Horns von Höri, die hier in den See hineinreicht. Im neben der Schiffslände gelegenen Schlössli finden wir einen renommierten Gastbetrieb mit holzgetäfelten Stuben und einer Freiterrasse am Ufer. Das Gebäude stammt aus dem Jahr 1640, wurde aber mehrfach verändert. Der sechseckige Wendeltreppenturm ist ein deutlich nach außen tretendes herrschaftliches Attribut.

Gaienhofen erscheint auf historischen Abbildungen als stark befestigte und von neun Türmen umgebene Burg direkt am See, die auf der Landseite von einem Wassergraben umgeben war. Das bewahrte sie 1499 aber nicht vor der Besetzung durch die Schweizer und 1525 auch nicht vor den Bauern. 1632 lieferten sich im Dreißigjährigen Krieg Kaiserliche und Schweden vor Gaienhofen eine echte Seeschlacht. 1633 fiel Gaienhofen plündernden Schweden zum Opfer und wurde nach 1700 ohne besondere architektonische Schmuckformen als Konstanzer bischöfliche Vogtei wiederaufgebaut.

Als evangelische Internatsschule (seit 1904) ist die Anlage jedoch nur eingeschränkt zu besichtigen.

Die neun Türme fielen im 19. Jahrhundert der Spitzhacke zum Opfer. Erhalten hat sich der wuchtige dreigeschossige kastenartige Bau des Herrenhauses, der frei inmitten des Burghofs steht. Der Gang auf der Brücke über den acht Meter tiefen und zwanzig Meter breiten Burggraben vermittelt noch einen Eindruck von der alten Feste.

Im Ort Gaienhofen lebten von 1904 bis 1912 der Dichter Hermann Hesse und seine erste Frau Mia Bernoulli. Hier entstanden seine ersten Romane „Peter Camenzind" und „Gertrud". Nach einem mit Beschwernissen verbundenen Wohnen in einem alten Bauernhaus bezogen sie (mit Unterstützung der Bernoulli-Familie) 1907 ein eigenes Anwesen in Gaienhofen. An Hesses Aufenthalt und sein Wirken erinnert das **Hermann-Hesse-Museum** in der Kapellenstraße, das in einem wundervoll restaurierten Fachwerkhaus untergebracht ist. Es enthält zudem auch Gegenstände zur Archäologie und Geschichte der Halbinsel Höri.

Hermann-Hesse-Höri-Museum, D-78343 Gaienhofen Öffnungszeiten: November bis 14. März Freitag und Samstag 14–17 Uhr, Sonntag 10–17 Uhr, 15. März bis Oktober Dienstag bis Sonntag 10–17 Uhr
T: +49/(0)7735/81837 oder 81832
I: www.hermann-hesse-hoeri-museum.de

Burg Oberstaad am Ufer des Seerheins

Kattenhorn war im 15. Jahrhundert eine durch Ringmauer und vier Ecktürme stark befestigte Wasserburg der Herren von Fürstenberg. Ihre Denunziation als „berüchtigte Raubritterburg" hat sie wohl dem Treiben der Hegauer Ritterschaft zu verdanken, die sich nicht scheute, „am Kattenhorn" mit kleinen wendigen Ruder- und Segelbooten bürgerlichen Handelsschiffen und beladenen Lastkähnen aufzulauern. 1441 war allerdings das Maß voll und die Bürger schlugen im „Städtekrieg" zurück. Ob in Kattenhorn wirklich ein Teil der Seeräuber-Beute gelagert worden war, ist allerdings höchst unsicher.

Architektonisch interessant ist die Schlosskapelle St. Blasien. Ihr runder Grundriss und das massive Mauerwerk beweisen, dass sie auf einem der alten Wehrtürme aufgebaut worden ist. Das erhaltene Schlossgebäude entstammt dem 19. Jahrhundert.

> Die Kapelle (Schlossstraße) kann besichtigt werden. Das Schloss Kattenhorn selbst ist in Privatbesitz, aber durch das Gittertor neben der Kapelle einsehbar.

Eine schöne Uferburg tritt uns in **Oberstaad** entgegen. Das mächtige rechteckige Turmhaus mit fünf Stockwerken weist ins hohe Mittelalter. Es steht frei inmitten des Burghofs. Auf der Seeseite erkennen wir noch den ehemaligen Hocheingang ins erste Stockwerk. Seinen eindrucksvollen spätgotischen Staffelgiebel hat der Wohnturm nach 1499 erhalten. In diesem Jahr nämlich erschienen die Eidgenossen vor den – damals ausgetrockneten – Wassergräben, welche die Burg zur Landseite hin schützen sollten, und zwangen die zwölf Mann Besatzung zur Übergabe. Vor ihrem Abzug legten sie dann Feuer. Die Besitzer, Angehörige des Konstanzer Stadtpatriziats, bauten die schön am Seeufer gelegene Burg aber wieder auf. Nach wechselnden Besitzverhältnissen dienten die Burggebäude im 19. Jahrhundert als Färberei und als Trikotagen-Fabrik.

> Die Firma Jacques Schiesser erwarb 1969 Burg Oberstaad und richtete nach umfänglichen Renovierungen hier ihr Ausbildungszentrum ein. In die Neubauten wurden dabei zahlreiche historische Architekturteile integriert. Man kann wohl dezent in den Park hereinlugen, sollte sein Fahrzeug aber auf dem geräumigen Parkplatz außerhalb abstellen. Auch vom Uferweg mit dem Zollhaus (Kiosk) und vom Landungssteg hat man den unverputzten Wohnturm gut im Blick.

Von Oberstaad/Öhningen führt uns der Weg entweder über den jäh aufragenden Schiener Berg zur Schrotzburg oder, gemütlicher, direkt am Ufer entlang weiter nach Stein am Rhein.

Stein am Rhein und Burg Hohenklingen

Das „schweizerische Rothenburg"

Die **Insel Werd** markiert das westliche Ende des Untersees oder, andersherum, den Anfang des Bodensees. Von hier aus nimmt der Rhein, nachdem er den Bodensee durchflossen hat, wieder seinen Flusscharakter an und fließt weiter bis Schaffhausen über den berühmten Rheinfall. Dem Inselchen Werd kommt als Sterbeort des Abtes Otmar (759), des eigentlichen Gründers des Klosters St. Gallen, große kirchengeschichtliche Bedeutung zu.

Nach der Passage über die Schweizer Grenze erreichen wir den Kanton Schaffhausen – und schon tritt uns wie auf einem altdeutschen Gemälde das Städtchen **Stein am Rhein** und hoch darüber die **Burg Hohenklingen** entgegen.

Blick über Stein, den Seerhein und die Insel Werd auf den Untersee

Stein am Rhein mit Burg Hohenklingen (Matthäus Merian, 1642)

Trägt nicht jeder und jede von uns eine „archetypische Vorstellung" einer Burg in sich?! Das mag damit zusammenhängen, dass unsere überwiegend bäuerlichen Vorfahren jahrhundertelang im Banne einer Burg gelebt haben. So hat sich unser kollektives Gedächtnis ein bestimmtes Burgenbild geschaffen: hoch droben, mit Turm und Mauer, einerseits abweisend wirkend, andererseits aber auch Sicherheit und Ordnung versprechend. Hohenklingen spiegelt so ein mittelalterliches Idealbild wider!

Stadt und Burg verdanken ihre Existenz dem Benediktinerkloster St. Georgen. Um 960/70 war es von Herzog Burkart und seiner Gemahlin Hadwig auf der Burg Hohentwiel gegründet worden. Kaiser Heinrich II. verlegte den Konvent aber nach 1007 ans verkehrsgünstiger gelegene Rheinufer neben den Marktort Stein. Dort befand sich an Stelle der alten Römerbrücke von Tasgetium ein reger Rheinübergang, der bereits 1094 als *munitio* (Befestigung) erwähnt wurde und 1267 Stadtrechte erwarb. Wie üblich wurde diese rechtliche Erhöhung mit dem Bau einer Stadtmauer auch optisch manifestiert. Der Mauerring bezog den am Fluss liegenden Klosterbezirk mit ein.

Die **Burg Hohenklingen** diente als Sitz der Klostervogtei. Dieses einflussreiche Amt hatten zuerst die Herzöge von Zähringen inne, unter welchen die Gründung der Burg um 1100 erfolgt war. Den Zähringern folgten nach 1218 die edelfreien Herren von Klingen nach, die in der ersten Hälfte des 13. Jahrhunderts den viereckigen Hauptturm der Burg erbauen ließen. Bis zur Mitte des 15. Jahrhunderts beherrschten die Klingener in verschiedenen Linien von der Burg aus ein stattliches Territorium, zu dem die Burgen Kattenhorn, Oberstaad und Neuburg gehörten. Besonders lukrativ gestalteten sich Brückenmaut und Wasserzoll.

Ein berühmter Vertreter war der Minnesänger Walter von Klingen, dessen Lebensdaten von 1240 bis 1245 bekannt sind. Doch verschuldeten sich die Herren und sahen sich seit 1359 in mehreren Etappen gezwungen, ihren Besitz und ihre Rechte zu verkaufen. Nutznießer war die Stadt Stein, die 1457 die Burg samt Herrschaft erwarb und damit an Rechten einer Freien Reichsstadt gleichkam. Die Burg verwandelte sich zum Amtssitz eines städtischen Verwalters. Stein trat der Schweizer Eidgenossenschaft bei und unterstellte sich 1484 dem Schutz, aber auch der Oberherrschaft Zürichs.

In dieser Zeitepoche spielt die Sage „No e Wili", der man in Stein auf Schritt und Tritt begegnet. Während die einfachen Bürger eidgenössisch gesinnt waren, hätten sich Bürgermeister und reiche Räte mit dem Hegauer Adel in Verbindung gesetzt, um die Stadt an Österreich zurückzugeben. Ein intrigant eingefädelter nächtlicher Überfall hegauischer Junker sei mit dem Ruf „No e Wili" („Noch ein Weilchen") vereitelt worden. 1924 entstand das gleichnamige Schauspiel, das auf dem sommerlichen Steiner Hauptplatz immer wieder farbenprächtig und mit großem Erfolg aufgeführt wird. Zum Stadtjubiläum 2007 waren über 300 Laienschauspieler im Einsatz.

Im Schwabenkrieg von 1499, der zahlreichen Burgen im Hegau und am Untersee den Untergang brachte, wurden Burg und Stadt von den verbündeten Zürchern besetzt und dienten als wichtiger eidgenössischer Waffenplatz. Auch in der Folgezeit behielten Stein am Rhein und Burg Hohenklingen ihre strategische Funktion als Grenzwacht gegen das Reich. Das Kloster St. Georgen wurde in der Reformation 1525 aufgehoben und fiel an Zürich. 1633 erschienen die Schweden. Nur die Gewährung freien Durchzugs zum Angriff auf Konstanz bewahrten Stein und Hohenklingen, wie auch die am jenseitigen Ufer liegenden Burgen Liebenfels, Neuburg, Steckborn und Gottlieben, vor der Zerstörung. Bis 1838 lebte noch ein städtischer Amtmann auf der Burg Hohenklingen, dem in erster Linie die Brandwache oblag.

1863 wurde eine Gaststätte eingerichtet, die sich zunehmender Beliebtheit erfreute. Diese touristische Attraktion führte auch dazu, dass die Burg 1895–1898 „konserviert" wurde – und zwar, wie im „ritterromantischen" ausgehenden 19. Jahrhundert üblich, durchaus mit unhistorischen Zutaten, wie einem bunten Rittersaal, mit Erkerchen, Pechnasen und nachträglich eingebauten Schießscharten.

Von 2005 bis zum September 2007 jedoch präsentierte sich Hohenklingen allseits von einem Stahlkorsett umgeben. Das hatte seinen guten Grund. Die gesamte Anlage erfuhr eine moderne Sanierung innen und außen. Vorangegangen waren sorgfältige wissenschaftliche und bauhistorische Untersuchungen. Man versuchte sich am Zustand des ersten Drittels des 15. Jahrhunderts zu orientieren und die ursprüngliche Kargheit wiederherzustellen. Dem diente auch die Beseitigung allzu „rittertümlicher" Elemente des 19. Jahrhunderts. Der 1863 eingerichtete Restaurationsbetrieb stellt mittlerweile selbst ein Baudenkmal dar und blieb selbstverständlich bestehen.

Von der städtischen Befestigung sind noch Teile erhalten geblieben. Ihre Anfänge gehen auf das 13. Jahrhundert zurück. Als Stein am Rhein im 15. Jahrhundert zur selbständigen Stadt aufgestiegen war, wurden Tore und Türme dem neuen Rechtsstatus entsprechend erneuert und erhöht. Der Schweizerkrieg von 1499 und die nachfolgenden Zeitläufe machten die Anpassung an die neuen großkalibrigen Feuerwaffen notwendig.

Das **Untertor** führt ins Hegau und weiter nach Schaffhausen. Der Torturm von heute ist eine baugetreue Replik des 1945 durch einen (irrtümlichen) amerikanischen Fliegerangriff zerstörten Bauwerks. Nach innen ist der Turm nur mit Fachwerk (Riegelwerk) verkleidet, das allerdings sehr aufwändig gestaltet ist. Wegen seiner Uhr und dem Glockentürmchen heißt er auch Zeitturm.

Den nordwestlichen Abschluss zum Rhein bildet der **Diebs- oder Hexenturm**, ein viereckiger, unverputzter Wehrturm ohne Schmuckelemente. Durch das **Obertor** kommt man zur Burg Hohenklingen. Zwei seitwärts angebrachte Staffelgiebel wirken wie überdimensionierte Ohren. Der **Chretziturm** (Kretzenturm) ist zur Abwechslung halbrund und stammt in dieser Form – mit breiter Maulscharte – aus dem späten 15. Jahrhundert. Heute dient er als Kunstatelier.

Das Rheintor steht nicht mehr. Die hölzerne Brücke über den Rhein war einst durch einen Torturm am jenseitigen Ufer noch zusätzlich gesichert. (Die moderne Betonbrücke stammt übrigens aus den 1975er Jahren). Das noch erhaltene kleine **Rhytörli** diente als flussseitiger Zugang zum Klosterbezirk St. Georgen. Ein eindrucksvoller spätgotischer Profanbau ist auch das strenge dreigeschossige Zeughaus mit seinen Treppengiebeln. Seine umfangreiche Sammlung an Fahnen, Waffen (Blank- und Stangen-

Häuser mit prächtigen bemalten Fassaden geben dem Rathausplatz sein einzigartiges Gepräge.

waffen, Pistolen) und Harnischen ist heute ein Teil der Rathaussammlungen.

Fresken an der Rathausfront erinnern an lokalgeschichtliche Begebenheiten, wie den Ruf „*No e Wili*". Um den Marktplatz gruppieren sich verschiedene Häuser mit Schmuckerkern und lebhaften Fassadenmalereien aus dem späten 16. und dem 17. bis 18. Jahrhundert. Die Bilder nehmen auf das Alte Testament, die römische Geschichte und Giovanni Boccaccios „Decamerone" Bezug.

Auf der Burg Hohenklingen überrascht uns die von weitem Umkreis aus sichtbare Burg durch ihre relative Kleinheit. Der schmale Grat aus Nagelfluh gibt mit etwa 70 Meter Länge und 20 Meter Breite nur wenig Platz für den Burghof frei, der noch von der intakten Ringmauer umzogen wird. Durch einen mit allerlei Schießscharten gespickten Torzwinger, der erst nach 1500 angelegt wurde, geht es über Felsentreppen zum alten Burgtor, dessen von kalksteinernen Buckelquadern gesäumter Rundbogen noch in die staufische Zeit des frühen 13. Jahrhunderts weist.

Dominant in jeder Hinsicht steht der viereckige Turm aus schweren Quadern da, der sich über fünf Geschosse 30 Meter emporreckt. Mit seinen zehn Metern Breite deckte er den Burghof mit Palas und Kapelle von der gefährdeten Zugangsseite ab. Sein feldseitiges Mauerwerk erreicht eine Stärke von über drei Metern. Das Erdgeschoss ist lichtlos und nur von oben erreichbar, was uns aber nicht dazu verführen sollte, es als Verlies zu deuten. Solche dunklen Kammern eigneten sich viel besser zur gewöhnlichen Vorratshaltung und später zur Einlagerung von Schwarzpulver.

Im ersten Stock befand sich der ursprüngliche Eingang in acht Metern Höhe. Kamine mit Rauchabzug in den Obergeschossen beweisen die Wohnfunktion des Turms. Die leicht spitzbogigen Fensterportale im romanisch-gotischen Übergangsstil sind wohl erst gegen 1300 ausgebrochen worden. Interessant sind die einfachen, aber doch praktischen Blockstufentreppen, welche die Etagen verbinden. Eine mit Holz verkleidete gotische Turmstube mit Sitzbänken in den Fensternischen führt uns vor Augen, dass man sich durchaus wohnlich einzurichten verstand. Ganz oben steht noch die Signalkanone, mit der Bränd gemeldet wurden oder besondere Anlässe „eingeschossen" wurden. Von der mit Zinnen umgebenen Wehrplatte unter dem Zeltdach blickt man heute auf ein grünes Meer aus dichtem Laubwald. Alte Darstellungen zeigen die Burg hingegen, wie sie auf der weiträumig abgeholzten und von Bewuchs frei geräumten Bergkuppe hockt.

Zur Burg Hohenklingen führt ein recht enges Fahrsträßchen in mehreren Schleifen empor (Parkplatz am Fuß des Burgfelsens im ehemaligen Halsgraben). Empfehlenswerter ist der schön angelegte Fußweg, der beim Obertor beginnt. Die fast 200 Höhenmeter sind über mehrere Treppenstaffeln in einer guten halben Stunde zu schaffen. Erholung winkt in der renommierten Burggaststätte.
Restaurant Burg Hohenklingen, CH-8060 Stein am Rhein
T: +41/(0)52741/2137,
I: www.burghohenklingen.ch

Die Burg Hohenklingen aus der Vogelperspektive

„OH WUNNIKLICH
PARADIS,
ZU COSTNITZ
HAN ICH
FUNDEN DICH":

KONSTANZ

Konstanz

Stadtmauern und Patrizierhäuser

Die Geschichte von Konstanz, dem alten „zentralen Ort des Bodenseegebietes", und seine Bedeutung als Bischofssitz, Reichsstadt, Konzilsstätte und Handelsplatz haben wir schon beschrieben. Auch der Name des Ritters Oswald von Wolkenstein, dem wir obiges Zitat verdanken, ist schon gefallen.

Konstanz in der Schedel'schen Weltchronik von 1493

Jetzt wollen wir der Frage nachgehen, was sich denn an profanen Baudenkmälern noch erhalten hat. In der Stadttopografie lässt sich die einstige „Oberburg" mit Münster und Bischofspfalz von der „Niederburg", der bürgerlichen Siedlung, noch gut unterscheiden. Der Münsterbezirk mit den Domherrenhöfen war eigens ummauert. Zu diesen beiden Bereichen traten der Hafen mit Marktstätte und das Dominikanerkloster auf der Insel. Die Pfalz, ein romanischer Saalbau, wurde 1834 zugunsten des klassizistischen Münsterpfarramts abgerissen. Die weitere Umgebung des alten Bischofspalastes wird seitdem vom Pfalzgarten eingenommen. Seit der Erhebung zur Freien Reichsstadt – 1225 wird ein „Rat der Stadt" erwähnt – umzog eine gemeinsame Stadtmauer den geistlichen, den bürgerlichen und den Marktbezirk. Landseitig folgte sie der Linie Konradigasse, Untere und Obere Laube und Bodanstraße. Eine Erweiterung in Richtung Kreuzlingen durch eine vorgeschobene Mauer mit Graben folgte im 15. Jahrhundert.

Im 15. Jahrhundert wurde die Stadt von 27 Wehrtürmen geschützt. 1633 eroberten die Schweden während der fünfwöchigen Belagerung nur die westliche Vorstadt, ihr Angriff endete aber am so genannten „Schwedenkreuz". Bis zum Ende des Dreißigjährigen Krieges wurde Konstanz zwar noch mehrfach von Schweden, von den Burgmannen des Hohentwiel und zuletzt noch von Franzosen belagert, aber nicht eingenommen. Die Stadt machte also ihrem Namen (*Constantia*: „die Standhafte") alle Ehre!

Die Mauern fielen der Stadterweiterung im 19. Jahrhundert zum Opfer, die landseitigen Gräben wurden 1866 zugeschüttet.

Das Schnetztor, Ende 19. Jahrhundert

Erhalten blieb das wuchtige **Schnetztor**, dem seit dem Sieg der Eidgenossen 1499 die Aufgabe zukam, den bis hart vor die Stadt nahe gerückten „Schweizer Eingang" von Süden her zu decken. Die Stadtseite des fünfgeschossigen, rechteckigen Torturms war „rückenfrei", d. h. nicht massiv gemauert, sondern nur mit Fachwerk oder Holz (wie heute) verkleidet. Ein Gegner, der den Turm erobert hatte, konnte daher von innen her weiter bekämpft und beschossen werden. Im 16. Jahrhundert wurde dem Torturm noch eine rechteckige Zwingeranlage mit übermannshohen Zinnen vorgebaut. Turmuhr, Obergeschoss und Dach mit Glockentürmchen sind bürgerliche Symbole der Frühen Neuzeit.

Die alte Rheinbrücke (Ludwig Leiner, gezeichnet 1885 nach alten Skizzen)

Der wichtigste Zugang zur Stadt querte den Rhein, hier „Seerhein" genannt. Über die stark gesicherte hölzerne Brücke mit zwei Türmen rumpelten Planwägen, trotteten Fußgänger und ritten Höhergestellte. 1215 wurde sie als Zollbrücke genannt.

Der Rheintorturm, seit 1860 ohne Brücke

Erst 1860 wurde sie zugunsten der gleich daneben liegenden neuen Rheinbrücke abgebrochen. Der stadtseitige **Rheintorturm** steht noch unmittelbar neben der neuen Rheinbrücke, allerdings gähnt sein gotisches Torportal direkt auf den Fluss. Die auffallenden Buckelquader seines Mauerwerks weisen in die staufische Zeit. Die auskragende Holzkonstruktion des Ober- und Dachgeschosses reflektiert spätgotische Vorbilder, entstammt aber dem 19. Jahrhundert. Wie das Schnetztor ist der Rheintorturm ein so genannter „Schalenturm", das heißt, er ist nach innen, stadtseitig, nur mit einer leichten Holzverkleidung abgedeckt.

Nachdem über Konstanz 1548 wegen der Annahme der Reformation die Reichsacht verhängt wurde, legte die Stadt zum Rhein hin neuzeitliche Befestigungen an. Der nordwestliche Eckpfeiler der Stadtbefestigung wurde daher den neuzeitlichen Feuerwaffen angepasst und erhielt auf zwei Stockwerken Geschützluken. Seither heißt er **Pulverturm**. Ein Überfall 3000 spanischer Söldner

Rosgartenmuseum, Rosgartenstraße 3, D-78459 Konstanz
Öffnungszeiten: Dienstag bis Freitag 10–18 Uhr, Samstag und Sonntag 10–17 Uhr
T: +49/(0)7531/900246l, I: www.rosgartenmuseum-konstanz.de
Ein anschauliches Modell der alten Stadt mit den Stadtmauern befindet sich im städtischen Rosgartenmuseum. Das „Museum für Kunst, Kultur und Geschichte der Bodenseeregion" ist auch noch wegen anderer Schätze sehenswert. Das Gebäude war das Zunfthaus der Metzger, deren Bedeutung sich an dem in Vollholz vertäfelten gotischen Zunftsaal ablesen lässt.
Die Tourist-Information Konstanz offeriert eine spezielle Führung: „Das trutzige Konstanz: Türme, Tore und Stadtmauer". Sie beginnt am Stadtmodell im Rosgartenmuseum (Tourist-Information Konstanz, T: +49/(0)7531/133026).

in habsburgischen Diensten, die mit der „Reichsexekution" beauftragt worden waren, scheiterte im August 1548 an dieser Stelle. Doch musste sich Konstanz nach dem für die protestantische Sache unglücklich verlaufenden Schmalkaldischen Krieg im Oktober desselben Jahres den Habsburgern ergeben.

Von den ehemaligen Adelshäusern ist das Haus zum (oder zur) **Kunkel** am Münsterplatz 5 wegen seiner um 1300 entstanden Wandmalereien höchst bemerkenswert. Die „Weberinnen-Fresken" demonstrieren – für das höfische

> Das „Haus zur Kunkel" kann nur im Rahmen einer Führung besichtigt werden. Auskunft erteilt die Tourist-Information Konstanz, T: +49/(0)7531/133026.

Zeitalter sehr bemerkenswert – in 21 Bildfolgen profane Tätigkeiten, wie Leinwand- und Seidenweberei. Auf der gegenüberliegenden Wand prangen ritterliche Szenen, wahrscheinlich Motive aus der Parzival-Sage. Gleich beim Toreingang ins Haus werden wir aber von fünf Frauengestalten in Medaillons mit dem „Kampf der Tugenden gegen die Laster" konfrontiert: Glaube, Liebe und Hoffnung bewerfen ihre Pendants mit Bällen.

Reiche Bürger und Patrizier bauten sich innerhalb der Stadt eigene Paläste im Burgenstil, um ihre „Adelsgleichheit" und Ritterbürtigkeit auch architektonisch unter Beweis zu stellen. Es handelte sich um stark gemauerte und hochragende „Geschlechtertürme", wie sie uns auch aus Regensburg und oberitalienischen Städten bekannt sind. Von ihrer gedrängten städtischen Umgebung waren diese Stadtburgen durch hohe Mauern und Tore, ja sogar Zugbrücken abgeteilt. Echte Wehrhaftigkeit dürfen wir diesen feudalen Bauten aber nicht zubilligen. Sie dienten eher der Repräsentation und dem Selbstbewusstsein der zu Reichtum gekommenen Handelsbürger.

Das prachtvoll bemalte Haus **„Zum Goldenen Löwen"** ist aus einem mittelalterlichen Wohnturm eines patrizischen Geschlechts hervorgegangen. Der wuchtige, rechteckige Turm stammt noch aus romanischer Zeit. Die farbenfrohe Außenbemalung ist 1580/90

Wohnturm
„Zum Goldenen Löwen"

Das „Hohe Haus", eine patrizische Stadtburg

im Stil der deutschen Renaissance angebracht worden und wurde seitdem mehrfach erneuert.

In ursprünglicher Höhe ist noch das „**Hohe Haus**" erhalten, ein mächtiger fünf Stockwerke in die Höhe ragender, rechteckiger Wohnturm. Vielleicht war er einst sogar siebenstöckig. Für das Jahr 1291 (oder 1294) wird er als Besitz des Bischofs Heinrich von Klingenberg und seines Bruders Albrecht schriftlich bezeugt. Die gotischen Fensterportale bestätigen diese Daten, doch romanische Wandmalereien im Inneren weisen in eine noch frühere Epoche. Die Außenfresken wirken zwar sehr dekorativ, stammen aber aus den 1930er Jahren.

Während des Konstanzer Konzils hatten die Burggrafen von Zollern hier ihr Quartier bezogen. Burggraf Friedrich von Hohenzollern wurde in diesem Hause von König Sigismund anno 1417 mit der Mark Brandenburg belehnt. Hier, im absoluten Süden Deutschlands, in Konstanz, schlug also die Geburtstunde Hohenzollern-Preußens!

Konstanzer Konzilsgebäude mit Kragerker

BURGEN, DIE AM WASSER TRÄUMEN:

SEERHEIN
UND UNTERSEE

Wasserburg Gottlieben und Drachenburg

Bischöflicher Kerker und Gourmet-Adresse

Blick vom Seerhein auf Burg Gottlieben

Kurz hinter Kreuzlingen führt uns eine Stichstraße nach **Gottlieben** mit seiner zweitürmigen Wasserburg der Konstanzer Bischöfe. Leider ist die Burg gegenwärtig als Privatbesitz nach außen fester verrammelt, als sie es jemals im Mittelalter gewesen ist – ein Zustand, den wir in der eigentumsbewussten Schweiz übrigens öfter antreffen. Die hoch wuchernden Bäume im Park verschatten das ganze Anwesen und verstellen uns zudem jeden Blick durchs Burgtor.

Die Burg hatte auch keine schöne Geschichte: Sie diente als Bischöflich-Konstanzer Kerker. Der böhmische Reformator Jan Hus

wurde hier während des Konstanzer Konzils entgegen allen Abmachungen mit König Sigismund gefangen gesetzt. Das im Mai 1416 gegen ihn verhängte Todesurteil verursachte den ersten konfessionellen Riss im spätmittelalterlichen Europa.

Gottlieben (Rekonstruktion von Ludwig Leiner, 1885)

Nur vom Schiff aus, das auf dem Seerhein verkehrt, können wir einen Blick auf die Burg werfen. Wir sehen den wie einen Riegel vorgelegten neugotischen Bau des 19. Jahrhunderts direkt am Gestade und dahinter die beiden düsteren Türme. Hat Rainer Maria Rilke dies gesehen, als er die Bodensee-Verse komponierte?:

„In Türmen von seltsamen Arten/ klingen die Glocken wie weh/ Uferschlösser warten/ und schauen durch schwarze Scharten/ müd auf den Mittagssee."

Gott sei Dank werden wir durch die zierliche **Drachenburg** entschädigt, einen wunderschönen Fachwerkbau (hier „Riegelbau" geheißen), der um 1620 als Ansitz einer Konstanzer Patrizierfamilie entstanden ist. Heitere Erker unter bauchigen Zwiebeln und reich geschnitzte Fensterläden schmücken die Fassaden. Der eigentliche Name lautete „Unteres" und „Oberes Steinhaus". Für den Drachennamen ist der kunstvoll geschmiedete Wasserspeier in Drachenform verantwortlich, der über dem Haupteingang sofort ins Auge fällt.

Zusammen mit dem Waaghaus und dem Salzstadel dient die Drachenburg heute als gehobenes Hotel mit Restaurationsbetrieb und Tagungsort. Von seiner Seeterrasse schweift der Blick über den Seerhein auf das noch unberührte Wollmatinger Ried.
Hotel Drachenburg und Waaghaus, CH-8274 Gottlieben,
T: +41/(0)71/6667474
I: www.drachenburg.ch

Die freundliche Drachenburg

Die Casteller Schlösser

Mittelalterliches Original und neues Imitat

Schloss Castell, eine „nachgebaute" Burg

Zu Burg und **Schloss Castell** begeben wir uns etwas landeinwärts zum Ort Tägerwilen. Das Spitzdach der komplexen Schlossanlage lugt schon weithin sichtbar von einer bewaldeten Kuppe herab. Freundlicherweise gewährt uns eine Sichtschneise von der Straße aus Einblick auf das Schlossgelände. Ein Stilgemisch aus englischer Gotik, Zuckerbäcker-Renaissance und maurischen Anklängen blickt uns entgegen – kein Wunder, entstand das ganze aufgetakelte Bauensemble doch erst von 1878 bis 1894. Bauherren waren, wie meist bei derartigen „historistischen Pseudo-Schlössern", reich gewordene Handelsfamilien oder Fabrikanten.

Der weithin sichtbare Schlossturm

Geschichtlich interessanter ist die Ruine der „echten" **Burg Castell**. Zur Unterscheidung vom Schloss erscheint sie auch als „Unter-Castell" auf den Landkarten. Sie erhebt sich genau östlich gegenüber dem neuen Schloss und von diesem durch eine Bachschlucht getrennt. Bei ihrer heutigen tief im Waldesdunkel versteckten Lage könnte man sie glatt übersehen. Und doch lohnt sich der kurze, aber steile Anstieg. Entstanden ist die Burg unter Bischof Ulrich I. von Konstanz (1111–1127) und diente als Ministerialensitz derer von Castell. Im 14. und 15. Jahrhundert sind mehrmalige Aufenthalte der Bischöfe mit ihrem Gefolge bekannt.

Das Ende kam durch die Eidgenossen im Schwabenkrieg 1499. Ein Wiederaufbau erfolgte nicht mehr. Die Außenmauern des Wohnturmes aus Sandsteinquadern ragen noch in beträchtlicher Höhe auf. Er entstammt dem frühen 13. Jahrhundert. Auch die Umfassungsmauern und der Burghof sind noch gut zu erkennen.

Die „echte" mittelalterliche Burg Castell

Allerdings erweckt die Ruine einen sehr verwahrlosten Eindruck. Wurzeln sprengen das Gestein, Bäume und Büsche überwuchern den Burgplatz und versperren die einst so wichtige Sichtverbindung nach Konstanz und auf den Untersee (Stand September 2006).
Zufahrt von Tägerwilen Richtung Neuwilen. Die Straße führt durch die Talschlucht, die das Schloss Ober-Castell von der Burgruine Unter-Castell trennt. Am Straßenrand sucht man sich einen Stellplatz fürs Auto. Ober-Castell befindet sich in Privatbesitz. Das Betreten des gepflegten Schlossparks mit Schlossblick wird aber tagsüber huldvollst gestattet. Zur Burgruine gelangt man auf einem rutschigen Steig, der sich zuerst in die Bachschlucht und von dort in ein paar Minuten steil empor zur Burg schlängelt.

Schloss Arenenberg

Treffpunkt von „Tout l'Europe"

Schlossvilla Arenenberg, Exil Napoleons III.

Arenenberg, auf dem Thurgauer Seerücken hoch über Mannenbach gelegen, ist wohl das bekannteste Schloss am Untersee. Das mag mit seiner Beziehung zu Napoleon zusammenhängen, obwohl viele Besucher erst bei der Schlossführung merken, dass nicht der „echte" Napoleon Bonaparte, der als Konsul und Kaiser von 1802 bis 1814 ganz Europa neu gestaltet hat, hier wohnte, sondern dessen wenig erfolgreicher Großneffe Louis Napoleon III.! Über die komplizierten Familienverhältnisse der Bonapartes lässt man sich am besten hier unterrichten.

Hortense de Beauharnais (1783–1837)

1817 hatte Hortense de Beauharnais, Napoleons (des echten) charmante Stieftochter und Schwägerin, den kleinen patrizischen Ansitz Arenenberg erworben und residierte hier von 1825

bis 1837. In dieser Zeit erhielt das Hauptgebäude seine heutige Form als Empire-Schlösschen und wurde innen wie außen im klassizistischen Stil gestaltet. Salonbau, Pavillon und Park vervollständigten den herrschaftlichen Anspruch. Die neugotische Schlosskapelle war als Grabmal für Hortense gedacht. Diese fand ihre letzte Ruhestätte 1837 jedoch in Rueil bei Paris.

Hortenses 1808 geborener Sohn mit Louis Bonaparte, Napoleons Bruder, ebenso Louis genannt, wuchs von 1817 an in Arenenberg auf. 1851 bestieg er als **Napoleon III**. den französischen Thron und heiratete 1853 Eugenie de Montijo. Nach seiner Niederlage gegen Preußen 1871 und seiner Abdankung wählte seine Gattin (ab 1873 Witwe) Arenenberg als Exil. Sie verbrachte hier von 1873 bis 1900 vorwiegend ihre

Kaiserin Eugenie (1826–1920)

Sommermonate. Unter Eugenie, einer geborenen Spanierin, wurde Arenenberg weiterhin großzügig ausgebaut. Schließlich hatte sich eine Dienerschaft von 70 Köpfen um die zahlreichen Gäste zu kümmern, die aus ganz Europa nach Arenenberg kamen. Dazu wurden neue Wohntrakte und ein Gästehaus errichtet. 1906 übertrug sie das Schloss dem Kanton Thurgau mit der Maßgabe, hier ein Napoleon-Museum einzurichten, 1920 starb sie in England.

Die Schlossführung durch die zwischen großbürgerlicher Opulenz und der Kühle des Empire schillernden Interieurs, Salons und Boudoirs (Ankleidezimmer) mit ihrer Unmenge an Mobiliar, Porträts, Büsten und Accessoires ist ein Erlebnis für sich. Und doch fühlt man sich irgendwie erleichtert, wenn man auf die Terrasse hinaustritt und den Blick frei über die ruhig zu Füßen liegende Insel Reichenau hinüber zur gezackten Vulkanlandschaft der Hegauer Berge schweifen lässt.

Napoleonmuseum Schloss Arenenberg, CH-8268 Salenstein
Öffnungszeiten: Dienstag bis Sonntag 10–17 Uhr, letzter Eintritt 16.30 Uhr
T: +41/(0)71/6633260
I: www.napoleonmuseum.tg.ch
Die Zufahrt nach Arenenberg ist beschildert. Von Mannenbach führt auch ein steiler Fußweg quer durch Weinstöcke zum Schloss. Die von Arenenberg aus gut sichtbaren Schlösser Salenstein – mit markantem neugotischen Stufengiebel – und Eugensberg sind nicht zugänglich.

Der Turmhof zu Steckborn

Unter spitzen Dachhauben

Schon von weitem blitzt die bizarre Dachlandschaft des **Steck-borner Turmhofs** auf und gibt dem Ort seine unverwechselbare Silhouette. Fünf pfeilspitze Kegeldächer umgeben eine breite kup-ferne Zwiebelkuppel und rufen fast einen orientalischen Eindruck hervor. Der auf einer Landzunge direkt am See liegende vierge-schossige Wohnturm entstammt dem Ende des 13. Jahrhunderts und war Sitz eines Reichenauer Ministerialengeschlechts. Ein Rei-chenauer Abt aus dem Hause Castell ließ die Burg dann um 1320 ausbauen und vielleicht auch die Ringmauer um den Marktort er-neuern.

Auf die Herren von Castell dürfte der Volksname „Kastell Steck-born" zurückgehen, obwohl es sich bei dem Turmhof ja keines-wegs um ein Kastell – eine Festung – handelt. Vom Ende des 16. Jahrhunderts sind Umbauten überliefert. Breit ausgebrochene Fenster ließen nun Licht in den alten Wohnturm. Der an das Turm-haus angefügte Westflügel wurde durch den Rundturm mit Wen-deltreppe erschlossen. Nach dem angebrachten Wappenstein waren diese Anbauten 1615 vollendet.

Die charakteristische Dachhaube mit den achteckigen Spitztürm-chen wurde 1614 aufgesetzt. Nachdem die Stadt Steckborn den Turmhof 1642 erworben hatte, kamen unmittelbar daneben ein Warenlager (Kaufhaus) und das Zeughaus hinzu. Der Turm verlor damit seinen ursprünglich freistehenden Charakter.

Heimatmuseum im Turmhof
Seestrasse 84, CH-8266 Steckborn
Öffnungszeiten: von Juni bis September Mittwoch, Donnerstag, Sams-tag und Sonntag 15–17 Uhr
T: +41/(0)52/7613028
Seit 1934 ist im Turmhof das städtische Heimatmuseum untergebracht. Einen Besuch ist die liebevolle Sammlung aus archäologischen Funden der Pfahlbauzeit, neuzeitlichen Handwerksgeräten, Kachelöfen und Do-kumenten zur Burg- und Ortsgeschichte allemal wert. Parkmöglichkeit findet man am Ortsausgang Richtung Stein am Rhein. Der Zugang zum Museum erfolgt über ein enges Gässchen („Nur für Anstösser") von der Hauptstraße. Den besten Blick auf die malerische Baugruppe hat man von der Seeseite, entweder vom Landungssteg oder gleich vom Schiff aus.

Der Steckborner Turmhof mit seiner bizarren Dachlandschaft

Die Neuburg bei Mammern

Die größte Burgruine am Untersee

Der Seerücken senkt sich steil zum Untersee hinunter und lässt am Ufer nur Platz für einen schmalen Streifen, den sich die Bundesstraße, die Eisenbahnlinie und der Ufer-Wanderweg teilen. Kurz hinter Glarisegg schaut vom dicht bewaldeten Hang her ein graues Gemäuer herab: die Burgruine **Neuburg**. Die stattliche Ruine nimmt einen umfangreichen, von Bachläufen eingeschnittenen Felssporn über dem Ufer ein. Der kantige Wohn- und Wehrturm wendet sich gegen das Hochufer im Rücken und schützte somit den Wohnbereich. Auf zwei Seiten ragt er noch fünfgeschossig bis zur Zinnenhöhe in 20 Metern empor. Die sorgfältig mit Buckelquadern aus Sandstein gefassten Ecken sind Zeichen einer stauferzeitlichen Gründung um 1200.

Ihre erste urkundliche Erwähnung für das Jahr 1274 als „Nüwenburg" im Besitz Ulrichs von (Hohen-)Klingen dürfte sich demnach auf eine bereits länger bestehende Burganlage beziehen. Der Name „Neu-Burg" setzt auch eine „alte" Vorgängerburg voraus. Sie könnte sich im näheren Umkreis befunden haben.

Nach dem Befund der erhaltenen Umfassungsmauern zählte die Neuburg zu den umfangreichsten Bauwerken am Untersee. Unterhalb der Hauptburg breitete sich auf einem Plateau die Vorburg

Die Neuburg am Untersee (Lithografie von 1855)

Die Ruine mit dem Bergfried (rechts)

aus. Der Burgweg führte durch ein Mauertor zuerst in die Unterburg und von dort durch eine weitere Abschnittsmauer hinauf zur Oberburg mit dem Wohnturm.

Wenig spektakulär ist hingegen die Geschichte der Neuburg. Sie diente als „Korrespondenz-Burg" zu Hohenklingen, mit der sie in Sicht- und Signalverbindung stand. Der rege Schiffsverkehr vom und zum Hochrhein ließ sich von hier aus gut überwachen, schließlich handelte es sich um einen der wichtigsten Fernhandelswege Europas. Im verheerenden Schwabenkrieg von 1499 wurde sie vom damaligen Besitzer den Eidgenossen gegenüber „offen gehalten" und entging damit der Zerstörung.

Doch seit dem 16. Jahrhundert wurden die Mauern – vielleicht durch Bodenerosion – zunehmend baufällig. Und in Mammern am See boten sich bessere Möglichkeiten der standesgemäßen Unterbringung. 1745 erfolgten Abbrucharbeiten, die auch der Steingewinnung für das neue Schloss Mammern dienten. Nachdem das Dach des Turms eingestürzt war, verließ der letzte Hüter die Burg zu Beginn des 19. Jahrhunderts.

In den Jahren 2001 bis 2003 wurde das dem Verfall und der Natur preisgegebene Baudenkmal dem Dornröschenschlaf entrissen, archäologisch untersucht, bautechnisch gesichert und vom Bewuchs etwas ausgelichtet. Von diesen fachmännischen Arbeiten künden zwei höchst informative Tafeln mit Grund- und Aufrissen und alten Abbildungen der Neuburg von 1742 und 1839.

Die Burg ist über Wanderwege von Glarisegg und Mammern aus jeweils in einer schönen Dreiviertelstunde erreichbar. Der direkte Zugang von der Uferstraße ist leicht zu übersehen. Von Glarisegg aus zweigt kurz vor Mammern ein erdiger Fahrweg mit dem Hinweisschild „Ruine Neuburg" links ins Rebengelände ab. Hier kann man einen Stellplatz fürs Auto oder Velo finden, denn zur Burg kommen nur Fußgänger in etwa 20 Minuten hinauf. Bei der Abzweigung „Wanderweg" unbedingt die linke (östliche) Richtung einschlagen!

Die weitläufige Anlage des Schlosses **Mammern** am Seeufer blickt auf mehrere Bauphasen vom 17. bis ins 20. Jahrhundert zurück. 1866 wurde eine Kuranstalt eingerichtet, die 1958 durch einen privaten Klinikbetrieb ergänzt wurde. Touristen werden daher aus naheliegenden Gründen ungern gesehen. Mit gebotener Zurückhaltung kann man wohl in den Schlosspark gehen und die im Hof stehende Kapelle betreten. Sie stellt auch die einzige Sehenswürdigkeit in den ansonsten nüchternen Zweckbauten dar. Der barocke Kirchenbau ist ein Werk des berühmten Vorarlberger Baumeisters Johann Michael Beer und wurde 1750 geweiht.

Buckelquader am Turm

Burg Liebenfels

Faustrecht und Rache

Burgturm von Liebenfels mit gotischem Stufengiebel

Von Mammern aus zweigt eine Straße ab und kurvt hinauf nach **Liebenfels**. Die Burg besticht durch ihr nach außen noch fast unverfälscht wirkendes spätmittelalterliches Aussehen. Beherrscht wird die sich auf einer schmalen Geländerippe erhebende Baugruppe vom Bergfried, der von einem Treppengiebel gekrönt wird. Unter dem Turm reichen tiefe Kellergewölbe in den Berg hinein. Sie werden wie üblich als Verliese missdeutet. Im tiefsten Geschoss prangen kurioserweise Wandmalereien.

Die Wohntrakte und die Kapelle gruppieren sich harmonisch um das beengte Burghöfchen. Mitte des 13. Jahrhunderts wurde die Burg von den Herren von Liebenfels, die Konstanzer bischöfliche Gefolgsmannen waren, erbaut und nach dem Übergang an verschiedene Konstanzer Patriziergeschlechter im 15. und 16. Jahrhundert umgestaltet. 1474 wird während einer der Konstanzer Bischofsfehden die Eroberung der Burg vermeldet, die aber offenbar mit keiner Zerstörung verbunden war.

Nur 1529 wurde die Burg auf eine Bewährungsprobe gestellt, nämlich als der damalige Burgherr eine junge Frau aus dem nahen Ort Lanzenneunforn hierher entführte (oder sie sich entführen ließ). Als sie auch nach mehrfacher Aufforderung ihres Vaters nicht zurückkehrte, versuchte dieser mit Freunden das Burgtor aufzubrechen und wurde dabei von einer Büchsenkugel getötet. Daraufhin sammelte sich der bäuerliche Landsturm und leitete die Belagerung ein. Nur umfangreiche Sühnezahlungen verhinderten das Abbrennen der Burg.

Die Errichtung der voluminösen **Zehentscheune** anno 1691 stellt das letzte große Bauunternehmen auf Liebenfels dar. Seit 1848 befindet sich die Burg in Privatbesitz und wurde lange landwirtschaftlich genutzt und den neuen Zeiten angepasst.

Die Burg selbst ist Privatbesitz und nicht zu besichtigen. Im direkt an der Straße liegenden und über der Burg stehenden Zehenthaus werden Kunstausstellungen und kulturelle Veranstaltungen ausgerichtet. Von hier aus ergibt sich zudem ein umfassender Blick auf die Burganlage. Die drei Kilometer lange Auffahrt von Mammern ist daher auf jeden Fall lohnend.
Sektkellerei Liebenfels und Veranstaltungen
I: www.liebenfels.ch

Von Mammern erreichen wir nach sieben Kilometern Stein am Rhein, wo uns die Burg Hohenklingen einen imposanten Abschluss der Burgenwelt um den Untersee bietet. Auf der kurzen Strecke passieren wir das Örtchen Eschenz, welches uns wieder mit der frühen Geschichte des Bodenseeraums konfrontiert: Das Kastell Tasgetium ist ein Relikt der Römerzeit und die Otmar-Insel Werd erinnert an die frühe Epoche der Klosterkultur.

Vor der Zehentscheune in Liebenfels

BURGIDYLLEN UND „ZYKLOPISCHE" MAUERN:

AM SCHWEIZER UFER

Das Schweizer Bodenseeufer wird mit 55 Kilometern zum überwiegenden Teil vom Kanton Thurgau eingenommen. Nur der Streifen von Rorschach bis zur Vorarlberger Landesgrenze im Alten Rhein gehört zum Kanton St. Gallen. Das Schweizer Bodenseegebiet teilten sich im hohen Mittelalter die geistlichen Herren von Konstanz und St. Gallen und die Grafen von Nellenburg, von Zähringen und von Kyburg. Seit 1264 bildeten die Habsburger die weltliche Vormacht. Im Verlaufe des 15. Jahrhunderts gewann die Eidgenossenschaft immer mehr Einfluss und Macht. Der für die Eidgenossen erfolgreiche Schwaben- oder Schweizerkrieg von 1499 schuf vollendete Tatsachen und verdrängte das Haus Habsburg vom Südufer des Sees. 1528/29 verloren mit der Reformation auch die Fürstbischöfe von St. Gallen und von Konstanz ihre weltliche und geistliche Machtstellung.

Trotz der Schweizer Vorherrschaft aber blieb der Süduferbereich noch bis ins 18. Jahrhundert geprägt von einer Vielzahl eingesprenkelter adliger Freisitze und Gutsherrschaften, die Kirchenfürsten, Klöstern, Adligen oder Städtern gehörten. 1717 zählte man allein 132 verschiedene Gerichtsherrschaften. St. Gallen und Thurgau erhielten erst 1803 eine eigene Schweizer Kantonsverfassung.

Burgenradler und -wanderer sollten wissen, dass das Schweizer Bodenseeufer für sie ein paar Besonderheiten bereithält. Der Ufersaum ist erheblich breiter und infolgedessen dichter besiedelt und wird auch stark gewerblich genutzt. Der Seeuferweg führt zwar direkt an der Küste entlang, doch werden Velo-Fahrer mitunter auf die stark befahrene Bundesstraße 13 geleitet. Die beschriebenen Burgen liegen – mit Ausnahme Arbons – nicht unmittelbar am See, sondern im Landesinneren und zum Teil hoch droben auf dem Bergrücken. Doch die guten Schweizer Bahnverbindungen (mit Fahrradmitnahme) schaffen hier Abhilfe.

Weiherburg Hagenwil

Ein Schweizer Elysium

Hagenwil lässt sich von Kreuzlingen oder von Romanshorn aus über das Städtchen Amriswil erreichen. Die etwas längere Anfahrt wird durch ein wahrhaftes Burgen-Idyll entschädigt. Die Wasserburg Hagenwil ist eine der bekanntesten Burgen der Schweiz und kann als eine Schweizer Ikone gelten. Darüber hinaus repräsentiert sie eine der wenigen vollständig erhaltenen europäischen Wasserburgen, welche ihre ursprüngliche Bauform nahezu erhalten haben. Schon ihre Lage inmitten eines Weihers, der von einem idyllischen Wiesengrund und Obstbäumen umgeben wird, ist einmalig schön.

Kleinräumig und übersichtlich, dabei aber kompakt und massiv steht sie da und verfügt über alle Attribute, die wir mit dem Begriff Burg verbinden: Wassergraben, Zugbrücke, Torturm mit Kapelle, Ringmauer, Wehrgang, Turm und Palas – und nicht zuletzt eine gastliche Kemenate. Im Zentrum steht der kastenförmige Wohnturm, dessen klafterdicke Mauern aus schweren Feldsteinen, Quadern und Rundkieseln bestehen. Er ist im frühen 13. Jahrhundert entstanden. Auch die Ringmauer, die ihn im Geviert umschließt, stammt aus dieser Zeit. 1264 verkaufte Rudolf von Hagenwil – vielleicht der Erbauer – die Burg dem Abt von St. Gallen. Die Abtei belehnte in der Folgezeit verschiedene Adelsgeschlechter mit Burg und Herrschaft, so die Herren von Güttingen und Breitenlandenberg.

1405 wurde Hagenwil von den sieggewohnten Appenzeller Kriegshaufen belagert und beschädigt. Im 15. und 16. Jahrhundert gestaltete die Familie Bernhausen den sich im Schatten des Turms duckenden Palas gotisch um

Fontäne vor der Wasserburg Hagenwil

Zugbrücke über den Wassergraben

und stattete ihn mit einer Wendeltreppe aus. Auch die kleine Michaelskapelle über dem Burgtor erhielt ihr gotisches Gesicht. Während des Dreißigjährigen Krieges begnügten sich die Schweden im Jahr 1633 mit der Plünderung der Innenräume. 1684 übernahm die Reichsabtei St. Gallen wieder die direkte Herrschaft und ließ das Weiherhaus als Verwaltungssitz und auch als kleine Sommerresidenz der Äbte renovieren und ausbauen. In diesem Zusammenhang wurden die auf Stützbalken weit vorkragenden Fachwerkaufbauten wieder instand gesetzt und die Dächer neu gedeckt. Das Burgtor mit den zwei Wippbalken für die Zugbrücke erfuhr laut Inschrift anno 1741 eine Erneuerung.

Hagenwil ist eingebettet in eine liebliche Landschaft.

Nach der Säkularisation von 1803 erwarb eine bürgerliche Familie den Ansitz. Ihre Nachfahren betreiben seit 1830 im Wehrgang auf der brückenseitigen Mauer eine originelle Gastwirtschaft. Parkmöglichkeit gibt es unmittelbar vor dem Tor. In der Burg befinden sich verschiedene Restauranträume: Biedermeierstuben, gotischer Saal, Großmutterstübli, Kornkammer und Mostkeller mit der Burg-Bar. Ein Pfad umrundet den Schlossweiher. Vom Sträßchen nach Räuchlisberg erschließt sich ein wunderbarer Blick von oben her auf die gesamte Burganlage.
Wasserschloss Hagenwil, Hagenwil 1, CH-8580 Amriswil
Mittwoch Ruhetag, von Oktober bis März ist auch am Dienstag geschlossen
T: +41/(0)71/4111913
I: www.schloss-hagenwil.ch

Im Zuge der 1937 erfolgten Renovierung erhielt die Burg ihr farbenfrohes Äußeres. Die blutrot gestrichenen Riegelbalken und Bretterwände kontrastieren bestens mit den grauen Steinmauern, den hellen Putzflächen und den im Sonnenlicht funkelnden Butzenscheiben. Das entspricht durchaus der historischen Situation. Denn gerade die Holzteile von mittelalterlichen Burgen waren in der Regel bunt bemalt. Neben der Zugbrücke springt eine Fontäne im Quelltopf auf.

Burg Arbon

Erbaut aus „Wacken" und „Klötzen"

Der Name der Stadt **Arbon** als einer der zentralen Orte des Bodenseeraumes ist in unserem Buch schon öfters gefallen. Die in den See vorgeschobene Halbinsel war bekanntlich bereits in der Römerzeit schwer befestigt. Und ein frühmittelalterliches *Castrum Arbonense* erscheint schon für 745 in den Quellen, was frühere Historiker dazu verleitet hat, den wuchtigen, aus klobigen Findlingen aufeinandergetürmten Viereckturm in die Zeit der Merowinger zu datieren. Doch stammt der Turm – genauso wie alle anderen Burgtürme dieser „archaischen" Art am Bodensee – aus den Jahrzehnten um das Jahr 1200. Sein grobes Mauerwerk und der Eingang in beträchtlicher Höhe sind für die Profanbauweise unter der Kaiserdynastie der Staufer zeittypisch.

Die ersten Arboner Burgherren waren Gefolgsleute der Konstanzer Bischöfe und unterhielten enge Beziehungen zu den Hohenstaufen. Ihre Burg bestand aus dem festen Bergfried und einer steinernen Ringmauer. Palas und Wohnbauten bestanden aus Holz oder Fachwerk. Eine Überlieferung besagt, dass Konradin, der letzte legitime Spross der Staufer, hier vor seinem Zug nach Italien 1266 Quartier genommen habe.

Bischöfliche Burg Arbon (Lithografie von 1839)

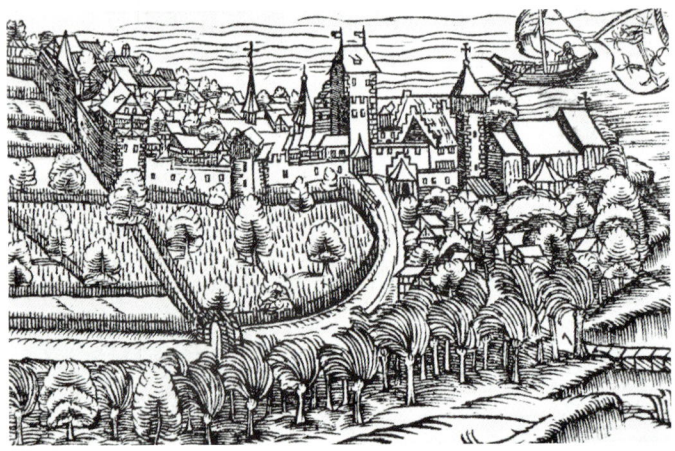
Stadt und Burg Arbon (aus der Stumpf'schen Chronik, 1548)

Der See reichte damals bis an das Kap, auf dem die Burg steht, hin. Die verfestigte Schwemmlandzone, die heute den Hafen, eine schöne Uferpromenade und Spiel- und Sportplätzen zu Füßen der Burg umfasst, ist erst in neuerer Zeit entstanden. Nach der Mitte des 13. Jahrhunderts gingen Burg, Ort und Herrschaft endgültig an die Konstanzer Bischöfe über, die hier bis 1798 ihre Burgvögte einsetzten. Die Stadt selbst ist eine Gründung des Konstanzer Bischofs Eberhard von Waldburg um 1255. Die Stadtmauern und Tore dürften kurz nach diesem Ereignis erbaut worden sein.

Die Stadtmauern aus Wacken und Seekieseln haben sich noch an mehreren Stellen bewahrt, so besonders eindrucksvoll unter den renovierten Fachwerkaufbauten in der Untertorgasse landseitig gegenüber der Burg und beim Römerhof in der Freiheitsgasse. Ein imposantes Bauwerk ist der ehemalige quadratische Wehrturm an der Ostseite. Er wurde im 15. Jahrhundert als Freisitz umgestaltet und 1793 mit einem ausladenden Obergeschoss mit Doppelwalmdach und Glockentürmchen bedeckt. Seit dem 18. Jahrhundert diente der Bau als Rathaus. 1941 zog das Bezirksgericht ein.

Die bischöfliche Burg wurde zuerst im 14. und dann im 16. Jahrhundert zur heutigen Größendimension ausgebaut. 1405 bewahrten ihre Mauern sie vor den kriegslüsternen Appenzellern. Auch nach dem Siegeszug der Eidgenossen 1499 verblieb Arbon in bischöflicher Hand. Der Konstanzer Kirchenfürst Hugo von Hohenlandenberg ließ 1515 bis 1520 die Wohn- und Verwaltungstrakte mit den gotischen Stufengiebeln hochziehen und den alten Turm um ein Geschoss und ein Walmdach auf die heutige Höhe von 33 Metern aufstocken. In der Endphase des Dreißigjährigen Krieges bewährte sich die Burg als Fluchtort für katholische Geistliche und kaiserlich Gesonnene.

Zerstörung und Abbruch brachte die aufgeklärte moderne Zeit. 1799 geriet Arbon ins Kreuzfeuer, als kaiserliche „Kriegs-Schaluppen" das von französischen Truppen besetzte Arbon beschossen. Nach der Säkularisation von 1803 und der Verscherbelung der Bi-

Schloss Arbon mit Burgturm

Würdigere Zeiten kamen erst nach 1945, nachdem die Kommune Arbon ihre Burg erworben hatte. Die in den 1970er Jahren von Grund auf restaurierten Bauten beherbergen heute die sehenswerten Sammlungen des Arboner Heimatmuseums und das gut ins historische Ensemble eingepasste Fortbildungszentrum („Klub-Schule") der Firma Migros. Der wieder aufgebaute, übers Ecke laufende hölzerne Treppenzugang zum alten Hocheingang des Burgturms vermittelt uns noch ein Gefühl des Mittelalters. Ein in den Museumsräumen aufgestelltes Stadt- und Burgmodell gibt Aufschluss über die historische Situation. Auch dezentes Betreten des „Hinteren Schlosses" mit den „Migros-Räumen" ist möglich. Burg-Café und Wirtschaft zum Schloss laden zum Verweilen ein. Parkplätze am Hafen. Beim Gang zur Burg kommt man an konservierten Mauerresten des Römerkastells „Arbor Felix" vorbei.
Historisches Museum im Schloss, CH-9320 Arbon
Öffnungszeiten: Mai bis September täglich 14–17 Uhr, März und April sowie Oktober und November sonntags 14–17 Uhr
T: +41/(0)71/4466010, I: www.arbon.ch
Wirtschaft zum Schloss, CH-9320 Arbon, T: +41/(0)71/4401228, I: www.zumschloss.ch

schofsburg an Spekulanten und Fabrikanten wurde auf dem Burgareal wahllos abgebrochen und hinzugebaut. Die Niederlegung des Burgturms scheiterte 1858 nur an den damit verbundenen Kosten.

Im Inneren des Osttraktes besticht der Landenberg-Saal mit seiner schmuckreich ausgearbeiteten hölzernen Kassettendecke. Wir sollten uns nicht daran stören, dass das originale Renaissance-Interieur Ende des 19. Jahrhunderts ausgebaut und ins Schweizer Landesmuseum in Zürich verbracht worden ist. Auch die Rekonstruktion von 1919 kann sich sehen lassen!

Freisitz mit Arboner Wappen, heute Gerichtssitz

Der „Riesenturm" zu Mammertshofen

Ein starkes Stück Thurgau

Die Burg Mammertshofen überstand unverändert die Zeiten.

Von Arbon führt unser Burgenweg landeinwärts Richtung Roggwil und von dort ein Stückchen weiter bis **Mammertshofen**. Unter Fachleuten ist die Burg Mammertshofen berühmt wegen ihres „megalithischen" Mauerwerks. „Megalithen" sind Bausteine einer Größenordnung, die mit reiner Muskelkraft nicht mehr zu bewegen waren, sondern mit Hebeln, Kränen, Flaschenzügen oder schiefen Ebenen aufeinandergesetzt wurden. Solche megalithischen Bauwerke sind in der Bodenseeregion nicht selten, wir begegnen ihnen am „Heidenturm" zu Lindau, in der Meersburg oder in Hagenwil. Von diesen Bauten wissen wir, dass sie keineswegs in „archaische Zeiten" zurückreichen, sondern im Hochmittelalter entstanden sind. In der Tat sind roh behauene Steine und Buckelquader typisch für die Profanbauweise der Stauferzeit.

In Mammertshofen überrascht aber die schiere Wucht des aus unbearbeiteten Findlingen, Felsbrocken und Steinblöcken aufeinandergetürmten Mauerwerks. Einzelne Steine wiegen bis zu drei Tonnen und sind zwei Meter lang. Das unverputzte und zerklüftete Äußere unterstreicht noch den „uralten" Eindruck des quadratischen Turmsockels. Der Steinbau selbst bildet einen Kubus von

13,5 Metern Seitenlänge und exakt der gleichen Höhe. Die Mauerstärke erreicht 2,8 Meter. Der ehemalige Hocheingang ins dritte Stockwerk befand sich an der Nordseite. Von dort steigt eine schmale, in die Mauer eingebaute Treppe nach oben. Zwei Lichtscharten an der Ostseite sind sorgfältig mit Sandsteinelementen eingefasst.

Das fünfeckige Burgplateau liegt leicht erhöht und wird an zwei Seiten von einem heute trockenen Ringgraben umgeben. Die gezinnte Umfassungsmauer mit dem Torbogen unter einem Stufengiebel wurde erst im 19. Jahrhundert angelegt, folgt aber dem Verlauf des alten Berings. Den viergeschossigen, unten fensterlosen „Megalith-Turm" krönt ein gewaltig ausbauchender Obergaden in Holzbauweise, den ein gewalmtes Dach abdeckt.

Der Burgturm entstammt dem frühen 13. Jahrhundert und wurde von Gefolgsleuten des Abtes von St. Gallen errichtet. 1259/60 wird die Burg anlässlich der Fehde zwischen der Abtei St. Gallen und dem Bistum Konstanz als bereits bestehend erwähnt. Der Turm war sicher bereits damals mit einem Wohngeschoss aus Holz oder Fachwerk versehen. Die Herren von Mammertshofen erscheinen anno 1296 als äbtische Marschalken in einer Urkunde. Höfische Ehrenämter waren offenbar mit der Burg und Herrschaft Mammertshofen verbunden, denn nach dem Aussterben der Mammertshofener 1362 übernahmen deren Nachfolger auf der Burg, die Herren von Castell, das äbtische Schenkenamt (der Mundschenk war für die Versorgung mit Getränken, vor allem mit Wein zuständig).

Unter den Castell entstand um 1520 der mächtige, auf Stützbalken aufliegende **Obergaden**, der die Wohnräume enthält. Durch spätgotische Fenster

„Zyklopisches" Mauerwerk formt den Wohnturm.

Burg Mammertshofen (Lithografie von 1839)

mit Butzenscheiben wird das vertäfelte Innere belichtet. Pächter-
haus und Kapelle sind in der gegenwärtigen Form Bauten vom
Ende des 17. Jahrhunderts.

Der beeindruckenden Burgenarchitektur zum Trotz verlief die Geschichte wenig aufregend. 1405 gestand der sanktgallische Burghüter den mit den Appenzellern verbündeten St. Galler Bürgern
nach kurzem Geplänkel das „Öffnungsrecht" zu, weswegen die
Burg verschont blieb. 1547 be-
zeichnete Abt Diethelm die
Burg als *„wenig bequem und
ohne Nutzen für die Abtei"*.
Nach dem Aussterben der
Schenken von Castell 1645
wurde bis auf die Ummauerung
und das neugotische Wohn-
haus nichts mehr verändert.
Seit 1792 bildet die Burg den
Mittelpunkt einer blühenden
landwirtschaftlichen Ökonomie.

Burg Mammertshofen befindet
sich in Privatbesitz. Man findet
aber einen Stellplatz im landwirtschaftlich genutzten Vorfeld der
Burg und kann in der Regel über
die schöne, 1802 erbaute Brücke
den Burghof zu Fuß betreten. Der
gepflegte Garten im ehemaligen
Burggraben ist eine Augenweide.
Davor informiert eine Tafel über
die Geschichte der Burg. Falls
Obst zum Verkauf angeboten
wird, sollte man zugreifen!

Das gefährdete St.-Anna-Schloss

Heilige Anna, rette dein Schloss!

Jenseits des Tals der Steinach erreichen wir die Gemeinde Rorschacherberg. Auf eine herbe Enttäuschung muss sich allerdings jeder Interessent am **St.-Anna-Schloss** über Rorschach gefasst machen. Historisch ist diese Burg von hoher Bedeutung, war sie doch Sitz der sanktgallischen Ritter von Rorschach, die 1210 erstmals urkundlich genannt werden. 1449 wurde sie von einem klösterlichen Vogt bezogen. Ihren heute geläufigen Namen erhielt die hoch über dem See und der Burgsiedlung Rorschach gelegene Burg erst im 16. Jahrhundert nach der Burgkapelle zu Ehren der heiligen Anna.

> Ihre Popularität verdankte die Kapelle nicht zuletzt folgendem Zuspruch:
> *Heiligi Sankt Anna*
> *Gib alle Meitli Manna*
> *Mir ab z'erste*
> *Mi plangerets am mehrste.*

In architektonischer Hinsicht einmalig birgt die Burg einen Wohnturm mit vier Metern starken Mauern! Auch ihre Lage zwischen zwei Bachtobeln kann man nur als dramatisch bezeichnen. Bis in die 1960er Jahre war das St.-Anna-Schloss als Ausflugsgaststätte weithin bekannt und beliebt. Doch wie hermetisch ist der Zugang heute versperrt! Autowracks stehen herum, das gesamte Burggelände ist von hohen Bäumen überschattet und von allen Anzeichen der Verwahrlosung und des Verfalls bedroht (Stand September 2006).

Von einem kleinen Parkplatz am Fuß des Felskopfs, der die Burg trägt, lässt sich das Burgareal überschauen.

Wartensee und Wartegg

Gediegene Adelshäuser

Vom St.-Anna-Schloss peilt das hochgelegene Sträßchen – immer mit stimmungsvollen Blicken über den See, die auch von der weiter unten parallel verlaufenden Autobahn kaum gestört werden – unser nächstes Ziel an: Burg bzw. Schloss **Wartensee**. Wartensee ist eine originelle Mischung aus mittelalterlichem Burgturm, neugotischer Mittelalter-Interpretation und lichtdurchfluteter Moderne. Und das in durchaus gelungener Formensprache. Sicher trägt auch die beste Terrassen-Lage mit prächtiger Aussicht auf Rorschach und Staad am Bodenseeufer dazu bei.

Die Bauphasen lassen sich deutlich an der äußeren Erscheinung ablesen. Selbstverständlich ist der grobschlächtige, nur durch wenige Lichtschlitze durchbrochene und unverputzte Turm der älteste Burgteil: ein Wohnturm aus der Mitte des 13. Jahrhunderts aus schwerem Mauerwerk und mit heute vermauertem Hocheingang. Den neugotischen Stufengiebel erhielt er erst 1850 aufgesetzt. Im ersten Obergeschoss wurde 1964 eine gerade durch ihre Kargheit beeindruckende moderne Kapelle eingebaut.

Altersgrau (links) und Neu (rechts) vereinigen sich in der Burg Wartensee.

Wartensee, Turm mit Wehrgang

Neben dem altersgrauen Turm steht der weiß gekalkte Palasbau aus der Mitte des 15. Jahrhunderts. Aber auch hier hat das 19. Jahrhundert ganze Arbeit geleistet, denn der Zinnengiebel und die (neu-)gotischen Fenster sind Nachempfindungen, wenn auch vom spätmittelalterlichen Original nicht weit entfernt. Die kreuzförmigen Lichtscharten allerdings passen eher in die englische Tudor-Gotik. Sie gehen auch auf den 1850 erfolgten Umbau der Burg unter dem englischen Besitzer Robert Pearsall zurück. Aus dieser historisierenden Bauphase stammt auch die verspielte Zinnenmauer mit Bastionstürmchen und spielzeugartiger Toranlage.

In der jüngsten Bauphase von 1993 bis 1996 wurde der ehemalige Burghof transparent überdacht und mit einer **Glas-Stahl-Konstruktion** ausgefüllt, die als Eingangs- und Empfangsraum dient. Hier haben's Architekten gewagt – und gewonnen! Denn dieser schlicht „Mitteltrakt" genannte, helle und freundliche Zwischenbau fügt sich blendend in das ältere Bauensemble ein.

Die Besitzer- und Ereignisgeschichte des Schlosses ist rasch erzählt: Die 1264 erstmalig urkundlich belegten Ritter von Wartensee waren Vasallen des Abtes von St. Gallen. Sie erbauten um 1240 den noch erhaltenen Wohnturm. Von 1361 bis 1691 hatte die ursprünglich bürgerliche Familie Blarer aus St. Gallen die Herrschafts- und Burgrechte inne. Um mehrere Familienmitglieder standesgemäß unterbringen zu können, errichteten sie ein weiteres Turmhaus im östlichen Burgbereich, das im 19. Jahrhundert abgebrochen wurde. Da sich die Blarer dem Appenzeller Landrecht anschlossen, blieb die Burg im Krieg von 1405 verschont.

Aus dem Jahr 1451 datiert der (Neu-)Bau des Palas neben dem alten Wohnturm.

Nach dem Aussterben der männlichen Blarer ging die Herrschaft 1691 auf dem Erbwege an einen Luzerner Bürger mit dem klangvollen Namen Biggelschiss über. Von 1714 ist ein Visitationsbericht überliefert, der das Schloss zwar als „*ansehlich*", „*alles im Abgang, weil niemand darin wohnet*" beschreibt.

Eine neue Epoche brach an, als 1842 der englische Komponist Robert Lucas Pearsall das Anwesen erwarb. Er und sein Sohn bauten Wartensee im neugotischen Stil um. Annette von Droste-

Hülshoff, die 1844 von der Meersburg herüberkam und zu Gast auf Wartensee weilte, verliebte sich in Pearsalls junge Tochter Philippa. Diese hatte der weit älteren Dichterin anvertraut, dass *„das Leben auf Wartensee ein geistiger Hungertod"* sei. 1858 folgte der Bankrott der Pearsalls.

Seit 1958 befindet sich Wartensee im Eigentum der Evangelisch-Reformierten Kirche des Kantons St. Gallen und wurde im Innenbereich modernisiert und zu einem Bildungs- und Tagungszentrum umgebaut.

Schloss Wartensee, Tagungs- und Begegnungszentrum, CH-9404 Rorschacherberg
T: +41/(0)71/8587373
I: www.wartensee.ch
Der Parkplatz befindet sich direkt unterhalb des östlichen Zugangs. Eine Treppe führt durch die neugotische Zinnenmauer in den gepflegten Garten und auf die aussichtsreiche Schlossterrasse zum See hin. Den Park mit grünem Labyrinth und zwei Weihern kann man betreten. Als kirchliche Begegnungs- und Tagungsstätte mit Hotel (Garni) ist das Gebäude selbst nur eingeschränkt und nach Anmeldung zugänglich.
Einen umfassenden Blick auf die Gesamtanlage gewinnt man, wenn man den steilen Wiesenhang im Rücken der Burg emporsteigt.
Originell ist übrigens die Fahrt mit der Zahnradbahn von Rorschach Richtung Heiden. Von der Haltestelle Wartensee sind es nur ein paar Minuten zum Schloss.

Kulturhotel und Restaurant Wartegg, CH-9404 Rorschacherberg
T: +41/(0)71/8586262
I: www.wartegg.ch

Beim Parkplatz Wartensee weist ein Schild auf das Schlossrestaurant **Wartegg** hin, das von hier aus zu Fuß erreicht werden kann. Wartegg liegt, leider durch die Autobahn (die unterquert wird) getrennt, etwas unterhalb Wartensees mit ebenso schöner Seesicht. Seine Anfänge reichen ins Jahr 1557 zurück, als es von dem Wartenseer Schlossherrn Caspar Blarer als komfortabler Ansitz erbaut wurde. In den folgenden Jahrhunderten wurde Wartegg, zuletzt 1929, baulich verändert und den neuen Zeiten angepasst.

Seit 1994 dient das inmitten eines englischen Landschaftsparks gelegene Schloss als gehobenes Hotel mit Restaurationsbetrieb. Seine Mauern sahen illustre Persönlichkeiten wie Louise von Bourbon-Parma und deren Enkelin Zita (1892–1989), die 1911 den letzten österreichischen Kaiser, Karl von Habsburg, geheiratet hatte.

Vom Schweizer Bodenseeufer ins Rheintal führen Wanderwege und gut beschilderte Velo-Land-Radwege, die über Nebensträßchen und landwirtschaftliche Nutzwege geleitet werden. Von Rorschach aus kann man entweder den ebenen Uferweg wählen oder sich auf der Berg-und-Tal-Fahrt über Lutzenberg und Thal abmühen.

Die Burg Rheineck

Eidgenössische Wacht am Rhein

Rheineck, Ruine des Wartturms

Rheineck wird von der markanten, weithin sichtbaren Ruine auf dem **Burgstock** überragt, die mehr zu sein vorgibt, als sie letztlich repräsentiert. Der Turm stammt allerdings schon aus dem 12. Jahrhundert und wurde auf Geheiß des Bistums Konstanz über dem Rhein (heute Alter Rhein) erbaut. Die Burg kontrollierte den wichtigen Weg vom Bodensee nach Oberitalien. 1163 erkaufte sich Rudolf von Ramsberg die Vogtei, von dessen Nachfolgern

Auch während des Schweizerkrieges von 1499 lag die bereits 1445 zerstörte Burg Rheineck inmitten des Schlachtengetümmels.

die Burg an die Grafen von Werdenberg überging, die sie 1359 Herzog Leopold von Österreich überließen.

Als „habsburgische Wacht am Rhein" war Burg Rheineck 1405 ein erstes Angriffsziel im Appenzellerkrieg und wurde im „alten Zürichkrieg" von 1445 vollends zerstört. Danach erwarben die Appenzeller die Burg auf legale Weise, ließen sie aber verödet liegen. 1616 heißt es *„das zerprochen Schloss, so sehr groß und wohl erbawen gewest, dessen anzeigen noch genügsam vorhanden"*. Nach der verheerenden Brandkatastrophe, die den Ort Rheineck 1746 heimgesucht hatte, wurden die Steine der alten Burg zum Wiederaufbau sinnvoll „recycelt".

1939 wurde die noch bestehende, über 12 Meter aufragende Turmwand gesichert und die weithin sichtbare Schweizer Flagge mit weißem Kreuz auf rotem Grund gehisst. Damals war das „Großdeutsche Reich" nach dem Anschluss Österreichs (1938) gefährlich nahe an die Schweizer Grenze herangerückt. So kam der Flagge auf dem Rheinecker Burgstock durchaus staatspolitische Bedeutung zu. Stolz weht sie heute noch.

Auf den Burgstock führen Fußwege vom Ort herauf. Sie queren Weinhänge und sattgrüne Kuhweiden. Auch die Straße von Rheineck über Thal in Richtung Rorschacherberg kommt am Burgstock vorbei, der von hier bestiegen werden kann. Die mit bläulichem Plastik eingehüllten Rebstöcke um den Burgplatz sollten uns nicht weiter irritieren. Oben angelangt, eröffnet sich uns ein weiter Blick übers Rheindelta ins Ländle Vorarlberg und auf dessen Olymp, den Gebhardsberg.

Die Burgruine Grimmenstein

Geheimtipp oberhalb von St. Margrethen

Ein Geheimtipp ist die abseits gelegene Burgruine **Grimmenstein** auf einem zum Teil künstlich ausgehöhlten Sandsteinfelsen über Sankt Margrethen. Auf dem Weiterweg von Rheineck nach St. Margrethen sehen wir rechter Hand das kleine „Samargarether Kircheli", das so genannte Alte Kirchlein. Seine ältesten Bauteile reichen bis ins 9. Jahrhundert zurück. Vom 16. bis ins 18. Jahrhundert wurde es von Katholiken und Reformierten gemeinsam, wenn auch abwechselnd genutzt.

> Beim Alten Kirchlein weist uns ein Schild hinauf nach Romenschwanden zum Gasthof Rössli, der auf einem kleinen Sträßli zu erreichen ist. Von dort wandert man in einer ruhigen, vom Gebimmel der Kuhglocken begleiteten halben Stunde zuerst auf einem Fahrweg, und dann – beschildert – auf einem Waldweg leicht bergauf bis zur Ruine Grimmenstein.

Wir gelangen zuerst in den breit aus dem Sandstein geschachteten Halsgraben, der die Burg vom Hochplateau im Rücken abtrennt. Über dem Graben ragen zwei Wände des mächtigen, quadratischen Bergfrieds empor. Romanische Bogenfenster und ein erkennbarer Hocheinstieg sind architektonische Zeichen des frühen 13. Jahrhunderts. Ein etwas ausgesetzter Felssteig führt über eine kleine Zwingeranlage mit wieder eingesetztem Portal in den schmalen Burghof hinein. In dessen Mitte gähnt die in den Felsboden gehauene viereckige Zisterne. Gegen das Rheintal senkt sich ein sonniger Rebenhang mit Woge an Woge von Weinstöcken hinunter.

> Die Burgruine Grimmenstein liegt, ebenso wie die Ruine Rheineck, direkt am Schweizer Rheintal-Höhenweg. Sie kann auch über den „Chumm und Lueg-Wanderweg", der in Walzenhausen seinen Ausgang nimmt, erreicht werden. Die beschriebene Anfahrt übers Wirtshaus Rössli in Romenschwanden eignet sich für Radfahrer und Auto-Touristen. Eine Informationstafel im Burggraben gibt Aufschluss über die Geschichte Grimmensteins und verschiedene Grabungskampagnen.

Grimmenstein (auch Grienenstein genannt) gehörte zu einer ganzen Reihe von Burgen und Türmen, mit welchen die Abtei St. Gallen im 13. Jahrhundert ihr „Fürstenland" am Rhein sichern wollte. Als Lehensträger der Burg sind zuerst die Ritter von Falkenstein und ab dem frühen 14. Jahrhundert die Freiherren von Enne bekannt. 1405 wurde die Burg von den Appenzellern verbrannt und da-

Die Burgruine Grimmenstein liegt inmitten von Weinreben.

nach notdürftig wieder hergerichtet. Nachdem der Burgherr Georg von Enne Konstanzer Warenzüge überfallen hatte, rückte 1416 die Konstanzer Bürgerwehr an und zerstörte Grimmenstein endgültig.

Der Name Grimmenstein ging im 15. Jahrhundert auf das Kapuzinerinnenkloster St. Ottilia unterhalb von Walzenhausen über, das heute noch besteht. Der Garten im *Chlösterli* hält für den Besucher allerlei Heilpflanzen bereit.

Von St. Margrethen aus kommen wir zuerst über den Alten, dann über den Neuen Rhein wieder nach Vorarlberg. In Hard mit der Mittelweiherburg schließt sich der Kreis unserer Burgenfahrt rund um den See.

Glossar der Fachbegriffe

Abschnittsgraben: Burggraben, der einen Verteidigungsabschnitt von der Hauptburg abteilt; in vielen Fällen hintereinander gestaffelt

Arx: lateinisch; im Mittelalter poetischer Ausdruck für „Burg"

Backstein: gebrannter Lehm, Ziegel

Barock: Kunstepoche; im Bodenseegebiet etwa von 1600 bis 1730; folgt auf die Renaissance

Bastei, Bastion, Batterie: zumeist an den Ecken der Burg- oder Stadtmauer platzierte, aus der Mauerflucht tretende Außenwerke zur Aufstellung von Pulvergeschützen; im 15. Jahrhundert meist halbkreisförmig, ab dem 16. Jahrhundert in fünf- oder mehreckigen Sternformen (Beispiele: Lindau, Überlingen)

Bergfried: höchster und stärkster Wehrturm der deutschen Adelsburg. Im Gegensatz zum Wohnturm diente er nicht zum Daueraufenthalt, sondern nur als letzte Zuflucht. Er ist daher mit erhöhtem Eingang und mit Vorratskellern (heute meist als Verlies* missdeutet) versehen. Der besonders aufwändig gebaute „hochragende" Bergfried diente in erster Linie als Statussymbol des adligen „herausragenden" Standes des Burgbesitzers. Der festungstechnische Zweck war durchaus zweitrangig und kam selten zum Einsatz. (Beispiele: Arbon, Hohenbodman)

Bering: Ringmauer, Umfassungsmauer

Burg: wehrhafter Wohnsitz eines Adeligen oder eines Ministerialen, topografisch und architektonisch von der Umgebung „herausgehoben". Verwaltungsmittelpunkt eines bestimmten Territoriums

Burggespenst: beliebtes Motiv der „Schwarzen Romantik" des 19. Jahrhunderts. Als Gespenster geistern entweder Täter oder Opfer vergangener Zeiten durch Hallen und Gänge.

Burgschloss, festes Schloss: Bezeichnung für (spät-)gotische Profanbauten, bei welchen die Wehrfunktion gegenüber der herrschaftlichen Repräsentation, der Verwaltungs- und Wohnfunktion zurücktritt. Im 15. Jahrhundert wurden die mittelalterlichen Burgen zu „Burgschlössern" umgebaut. (Beispiele: Altes Schloss Meersburg, Schloss Heiligenberg)

Burgstall: Burgstelle, Standplatz einer abgegangenen (verschwundenen) Burg

Cella: Mönchszelle; auch Einsiedelei (z. B. Radolfzell)

Fehde: im mittelalterlichen Feudalrecht das Recht des Freien, bei Verletzung seines Rechtes oder seiner Ehre nach förmlicher „Ansage" Privatkrieg gegen den Täter und dessen Untertanen zu führen. Im Spätmittelalter von Landesherren (Fürsten) und der Kirche durch Verkündigung des „Landfriedens" eingeschränkt

Festung, Fort: 16. bis 19. Jahrhundert; neuzeitliche, auf Feuerwaffen abgestimmte Fortifikationsanlage in regelmäßigen Formen (Beispiel: Hohentwiel)

Folterkammer: Fragstatt; Gerichtsraum zur „peinlichen Befragung" von Verdächtigen. Zur Verurteilung war ein Geständnis notwendig. Die meisten heute gezeigten Folterkammern und Folterwerkzeuge sind unhistorische Nachbauten des 19. Jahrhunderts (Schwarze Romantik).

Fortifikation: Befestigung, neuzeitlicher Festungsbau

Gotik: Kunstepoche, im Bodenseegebiet etwa von 1230 bis 1500. Erstes Kennzeichen sind die „Spitzbögen". Sie löst die Romanik ab und geht in die Renaissance über.

Halsgraben: tiefer Burggraben, der eine Burg auf einem Bergsporn oder einer Bergzunge vom Hinterland abtrennt

Historismus: Kunstepoche des 19. Jahrhunderts; Rückgriff auf alte Bauformen („Neu"-Gotik, „Neo"-Renaissance)

Kasematte: im neuzeitlichen Festungsbau unterirdische, gegen Beschuss gesicherte Räume (Beispiel: Hohentwiel)

Kemenate: durch offenen Kamin oder Ofen heizbarer Raum der Burg; vom lateinischen „Caminata" („mit Rauchabzug") abgeleitet

Komtur: Statthalter, Güterverwalter des Deutschen Ritterordens (Beispiel: Komturei bzw. Kommende Mainau)

Lehen: Das Lehenssystem (= Feudalsystem, vom lateinischen „feudum") war eine in Europa vom 8. bis 18. Jahrhundert geltende Herrschafts- und Rechtsordnung. Das Lehen ist das verliehene Gut (Grundbesitz mit abhängigen Bauern). Lehensgeber sind Könige, Herzöge, Grafen und Edelfreie sowie die Kirche (Bischöfe). Lehensnehmer sind Vasallen und Ministeriale („Ritter"), die dafür zur Gefolgschaft verpflichtet sind.

Marschalk, Marschall: ursprünglich hochherrschaftlicher Stall- und Hofmeister, dann Heerführer

Marstall: Gebäude zur Unterbringung von Pferden und Wagen

Maulscharte: ovale Mündung für großkalibrige Geschütze seit dem 15. Jahrhundert

Ministeriale(r): lateinisch „Dienstmann"; ursprünglich Unfreie, die vom König, von Herzögen, Grafen oder der Kirche zu besonderen Ämtern (meist Kriegsdienst) herangezogen wurden und dafür Lehen erhielten. Im 11. Jahrhundert Edelknechte (vgl. englisch „knight", Knecht, = Ritter). Im 12. und 13. Jahrhundert bildeten die Ministerialen den „Ritterstand", der zum niederen Adel aufstieg. Seit dem 14. Jahrhundert glich sich der Ritteradel immer mehr dem edelfreien Adel (Nobilität) an.

Mittelalter: lateinisch „medium aevum"; seit dem 16. Jahrhundert in der Historiografie (Geschichtsschreibung) Bezeichnung der Zeitspanne zwischen der Antike (Altertum) und der „Neuzeit" (6. bis 16. Jahrhundert). Die moderne Geschichtsschreibung unterscheidet das frühe (6. bis 11.), das hohe (12. und 13.) und das späte Mittelalter (14. und 15. Jahrhundert).

Neuzeit: lateinisch „novum aevum"; im 16. Jahrhundert geprägte Bezeichnung für die „Neue Zeit" (Humanismus, Renaissance, Reformation). In der modernen Geschichtsschreibung die Zeitspanne vom 16. bis 17. Jahrhundert. Eine eigene Periode bildet die „Frühe Neuzeit" von ca. 1450 bis 1500.

Palas: vom lateinischen „Palatium" (= Halle) abgeleitet; repräsentativ und dekorativ ausgestatteter Wohnbereich der Burg. In größeren Burgen mit „Rittersaal" und Kemenate

Palisaden: Holzzaun aus dicht nebeneinander eingerammten Pfählen

Palladio-Villa: siehe Villa

Partikularismus: Zersplitterung, Aufteilung eines Herrschaftsgebietes

Patrizier: Stadtadel, hohes Bürgertum, städtische Führungsschicht

Pompejanisch: siehe Villa

Profanbau: weltliches Bauwerk (Burg, Schloss, Bürgerhaus) im Gegensatz zum Sakralbau (Kirche, Kloster)

Quelle(n), historische: zeitgenössische Zeugnisse und Dokumente wie Urkunden, Akten, Chroniken, Abbildungen, Karten usw., zumeist in Archiven gesammelt und erschlossen

Raubritter: Strauchritter, Schnapphahn; bürgerliche Bezeichnung des 15. Jahrhunderts für Ritter, die ihre „alten Rechte" (Zoll, Maut) per „Faustrecht" zu bewahren versuchten. In der „Schwarzen Romantik" des 19. Jahrhunderts beliebtes Motiv in Ritterromanen (Beispiele: Ruggburg, Schrotzburg)

Renaissance: französisch „Wiedergeburt der Antike"; Kunstepoche; im Bodenseegebiet von ca. 1500 bis 1600. Sie löst die Gotik ab und geht in den Barock über. (Beispiele: Palast in Hohenems; Schloss Hofen in Lochau)

Ritter: siehe Ministeriale und Lehen

Romanik, romanisch: Kunstepoche; im Bodenseegebiet von ca. 900 bis 1200. Erstes Merkmal: Rundbögen. Geht in die Gotik über. (Beispiele: Kirchen auf der Reichenau)

Romantik, romantisch: Kunstepoche; im deutschsprachigen Raum von ca. 1790 bis 1850. Gekennzeichnet durch Verklärung des Mittelalters, des Ritter- und Heldentums. Sonderform „Schwarze Romantik": Erfindung von Schauergeschichten über Raubritter, Burggespenster, Folterkammern und Verliese

Schießscharte: Maueröffnung zum Einsatz von Fernwaffen (Armbrust, seit dem 15. Jahrhundert Handfeuerwaffen)

Schloss: „abgeschlossenes" Bauwerk; im späten Mittelalter Bezeichnung für Burg. Erst in der modernen Burgenforschung wird „Schloss" ausschließlich für die repräsentativen Wohnbauten des 16. bis 19. Jahrhunderts, denen keine Wehrfunktion zukam, verwendet, z. B. Barockschloss. (Beispiele: Neues Schloss Meersburg, Mainau, Birnau)

Stufengiebel: Staffelgiebel, Zinnengiebel; treppenförmig abgestufte Giebelform der späten Gotik

Unterirdischer Gang: geheime Fluchtstollen; in den überwiegenden Fällen unhistorisch und Gegenstand von Sagen

Verlies: Kerker; die meisten der heute gezeigten „Verliese" dienten als Vorratskeller oder Zisterne.

Villa: Herrenhaus; architektonisch repräsentativ gestaltetes Wohnhaus. Der berühmteste Villenbaumeister der Renaissance war der Venezianer Andrea Palladio (1508–1580). Im 19. Jahrhundert ahmte man auch die in Pompeji ausgegrabenen römischen Villen nach.

Volute: deutsch „Rolle"; architektonische Zierform der Renaissance und des Barock

Volutengiebel: stufenförmiger Giebel mit schneckenförmigen, gerollten Bauteilen

Vorburg: der Hauptburg vorgelagerter, umwehrter Bereich mit Wirtschaftsgebäuden, Gesindeunterkünften, Ställen, Scheunen und Werkstätten

Wacken: unbehauene, große Steine; Findlinge, See- und Bachkiesel. Zur Fundamentierung von Bauplätzen und zum mittelalterlichen Mauerbau verwendet

Wall: Erdwall, Aufschüttung von Erde, die aus der Aushebung eines Grabens entstanden ist. Meist durch Holzkonstruktionen „versteift"

Wehrgang: auf der Mauerkrone verlaufender Gang, der nach außen durch die Brustwehr mit Zinnen und Schießscharten geschützt ist und meist durch ein auf Holzbalken ruhendes Dach bedeckt wird (Beispiele: Oberstadt Bregenz, Schattenburg in Feldkirch)

Wohnturm: Turmhaus, Turmburg; mehrstöckiges Profanbauwerk, das in sich die Wohnfunktion des Hauses (Palas, Kemenate) und die Wehrfunktion des Bergfrieds vereinigt. Die am meisten verbreitete Bauform der mittelalterlichen „Ritterburg" (Beispiele: Hagenwil, Mammertshofen, Neu-Montfort bei Götzis)

Zelle: siehe Cella

Zeughaus: Waffendepot, Arsenal; in Städten meist repräsentativ gestaltetes innerstädtisches Magazin zur Aufnahme der Geschütze

Zinnen: Wehrelemente zur „Manndeckung" auf Mauern und Türmen, meist rechteckig und mit Schießscharte versehen. Im späten Mittelalter eher als Zierform in Gebrauch

Zisterne: gemauertes Sammelbecken für Regenwasser, meist unterirdisch (Beispiel: Hohenbregenz)

Zwinger: enge Zwischenräume zwischen dem Bering und zum Teil mehrfach hintereinander gestaffelten Außen-(Zwinger-)Mauern. Im Spätmittelalter wurden Städte und Burgen großräumig mit Zwingeranlagen umgeben, um den direkten Beschuss der Hauptgebäude zu verhindern. Den Stadt- oder Burgtoren wurden mehrere „Zwingertore" vorgelegt.

Weiterführende Literatur

Borst, Arno: Mönche am Bodensee. Sigmaringen 1978

Borst, Arno: Lebensformen im Mittelalter. Frankfurt 1987

Burgen im Hegau. Karte und zwei Broschüren des baden-württembergischen Landesvermessungsamtes. Stuttgart 2004

Burgenkarte der Schweiz und des angrenzenden Auslands. Schweizer Burgenverein, Basel 2007

Burmeister, Karl-Heinz: Geschichte Vorarlbergs. München 1989

Dieth, Volkmar: Steinerne Zeugen. Burgen und Burgruinen aus Vorarlberg und Liechtenstein. Lauterach 1995

Feger, Otto: Geschichte des Bodenseeraums, Band 1–3. Sigmaringen 1987

Finke, Heinz: Dem See nah sein. Schlösser, Burgen, Landsitze rund um den Bodensee

Giezendanner, Heini: Burgen und Schlösser im Thurgau. Frauenfeld 1997

Hasler, Norbert: Im Schutze mächtiger Mauern. Spätrömische Kastelle im Bodenseeraum. Frauenfeld 2005

Huber, Franz Josef: Kleines Vorarlberger Burgenbuch. Bregenz 1985

Meyer, Fredy: Adel und Herrschaft am Bodensee. Geschichte einer Landschaft. Engen 1986

Scheffel, Viktor von: Ekkehard. Eine Geschichte aus dem 10. Jahrhundert (Erstausgabe 1855). Zürich 2005

Schefold, Max: Die Bodenseelandschaft. Alte Ansichten und Schilderungen. Konstanz 1961

Schleh, Johann G.: Die Embser Chronik (Erstdruck 1616). Nachdruck Lindau 1980

Schmitt, Günter: Schlösser und Burgen am Bodensee. Bände 1–3. Biberach 1998–2002 (das Standardwerk zum Thema)

Schott, Dieter: Seegründe. Beiträge zur Geschichte des Bodenseeraumes. Weingarten 1984

Sutermeister, Peter: Der Mensch am Bodensee. Ein Panorama seiner Geschichte. Sigmaringen 1989

Tiefenthaler, Helmut: Wege in die Vergangenheit im Alpenrheintal. Innsbruck, Wien 2007

Webseiten und Internetadressen

Allgäuer Burgenverein, Kempten:
www.allgaeuer-burgenverein.de

Burgen in den Kantonen Thurgau, Sankt Gallen, Appenzell:
www.burgen.ch

Burgen, Schlösser, Klöster und Gärten in Baden-Württemberg:
www.schloesser-magazin.de

Burgen und Ruinen Vorarlbergs:
www.burgenkunde.at

Hegau-Geschichtsverein, Singen:
www.hegau-geschichtsverein.de

Historischer Verein des Kantons Sankt Gallen:
www.hvsg.ch

Schweizer Burgenverein:
www.burgenverein.ch

Verein für Geschichte des Bodensees und seiner Umgebung mit Bodensee-Datenbank:
www.ub.uni-konstanz.de/vgbodensee/datenbank.htm

Vorarlberg Chronik. Beiträge und Daten zu historischen Ereignissen und Persönlichkeiten.
http://apps.vol.at/tools/chronik

Zeiten im Landkreis Konstanz. Geschichtsdatenbank des Singener Wochenblattes:
www.wochenblatt.net/zeiten/

Ortsregister

Personenregister

Bildnachweis

Alle Bilder entstammen dem Archiv Michael Weithmann, außer:

S. 9 und 74: ProLindau Marketing GmbH & Co. KG

S. 21: Meersburg Tourismus

S. 44, 121, 123, 125 und 126: Pressecenter Insel Mainau

S. 47, 54 und 62: Helmut Tiefenthaler

S. 51: Bregenz Tourismus und Stadtmarketing

S. 55 unten und 61: Peter Mathis Photographs

S. 67: Christine Branz, Lustenau

S. 88: Das Bild ist aus der freien Enzyklopädie Wikipedia entnommen und steht unter der GNU-Lizenz für freie Dokumentation.

S. 94: Pfahlbaumuseum Unteruhldingen

S. 95: Pfahlbaumuseum Unteruhldingen/Schöbel

S. 105: Kur und Touristik Überlingen GmbH

S. 112: Das Bild „Nellenburg, Gasthaus" ist aus der freien Enzyklopädie Wikipedia entnommen und steht unter der GNU-Lizenz für freie Dokumentation. Der Urheber des Bildes ist Manuel Heinemann.

S. 120 oben: Lake Constance Business School, Sitz Konstanz

S. 130: Tourist-Information Reichenau

S. 132 unten, 133, 134 und 135: Tourist-Information Radolfzell

S. 138, 139 und 140: Ekkehard Weber

S. 153, 157 und 158: Stadtarchiv Stein am Rhein Schweiz

S. 170 unten: François Pascal Simon Gérard, Potät von Hortense de Beauharnais

S. 171 : Franz Xaver Winterhalter, Porträt von Eugenie Bonaparte

S. 191 und 192: Schloss Wartensee Rorschacherberg

Bei den alten Ansichten sind die Nachweise direkt beim Bild genannt.

Bibliografische Information Der Deutschen Nationalbibliothek
Die Deutsche Nationalbibliothek verzeichnet diese Publikation in der Deutschen Nationalbibliografie; detaillierte bibliografische Daten sind im Internet über http://dnb.d-nb.de abrufbar.

2008
© Verlagsanstalt Tyrolia, Innsbruck
Umschlaggestaltung: stadthaus 38, Innsbruck; unter Verwendung eines Fotos von Meersburg (© Meersburg Tourismus) und einer Abbildung von Georg von Waldburg
Layout und digitale Gestaltung: Studio HM, Hall in Tirol
Kartografie: www.rolle-kartografie.de
Lithografie: digi service, Innsbruck
Druck und Bindung: Athesia-Tyrolia Druck, Innsbruck
ISBN 978-3-7022-2922-1
E-Mail: buchverlag@tyrolia.at
Internet: www.tyrolia.at